KAMINOGE Nº 120

Cover PHOTO
SACHIKO HOTAKA

WCW™

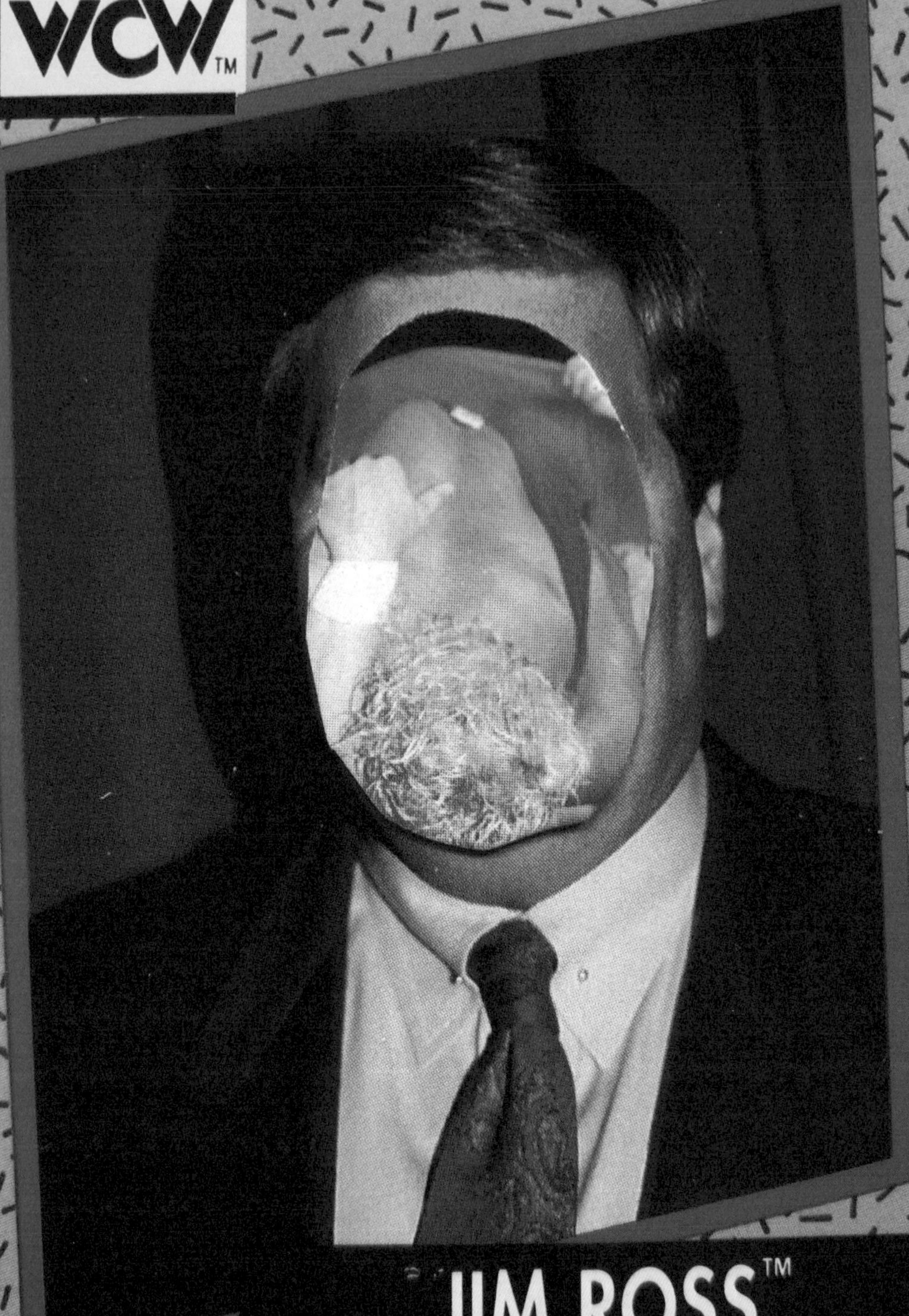

JIM ROSS™

002

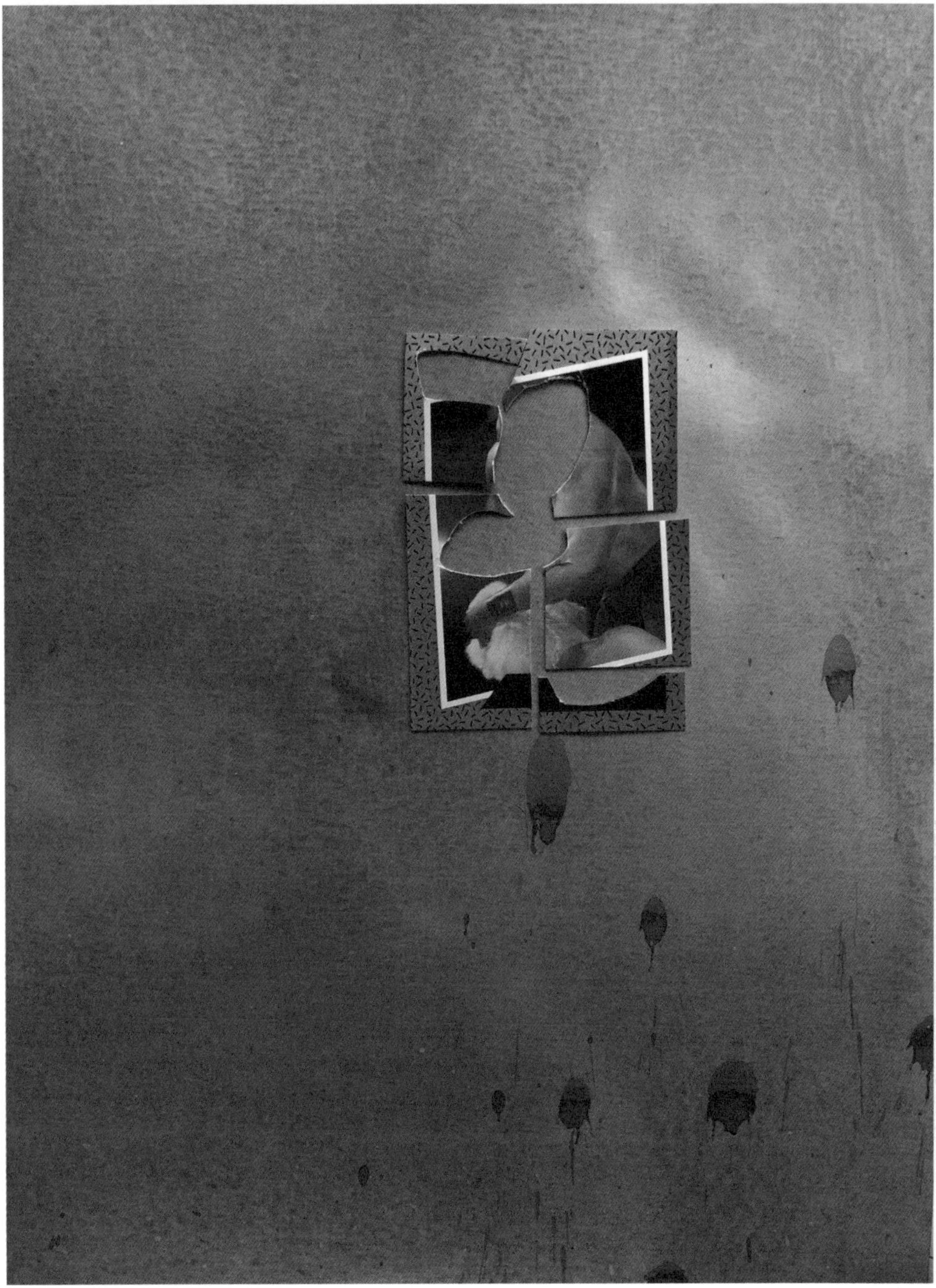

俺の人生にも、
一度くらい
幸せなコラムが
あってもいい。

PETIT KASHIMA

VOL.119

「まつり」と「はぐれ軍団」。

プチ鹿島

プチ鹿島（ぷち・かしま）1970年5月23日生まれ。芸人。TBSラジオ『東京ポッド許可局』（土曜日26:00-27:00）出演中。

10月末、香川へ4泊5日の旅へ行ってきた。選挙を見るためである。取材とかではなく「まつり」が見たかったからだ。きっかけはあった。『コロナ時代の選挙漫遊記』（畠山理仁）という本を読んだから。畠山さんは選挙現場を20年以上取材しているライター、ジャーナリストである。番組やトークライブでよくご一緒するが、とにかく選挙の話が「楽しい」のだ。考えてみれば人々の喜怒哀楽がむき出しになる〝イベント〟なら選挙はトップクラスである。候補者にとって人生がかかっているから当然だが、周囲の人々のエネルギーも尋常ではない。

《そうした「選挙現場の熱」に少しでも触れれば、元気がなかった人も元気が出る。心にも体にもいい影響が出る。》（同書より）

ここまで言われたら気になります。おまけに《訪ねた地方で買い物をしたり、地元の美味しいものを食べたりするのも漫遊の楽しみだ》とも書いている。私はこの部分を読んでプロレスの興行を全国に観に行く旅を思い出した。目的はプロレスなのだが、ふと気がつくとご当地での食事も味わっており、これって立派な観光ではないかと思うこともしばしばあった。そういえば昔は週プロで「密航」とも名づけられていたっけ。畠山さんは選挙で実行していた。それらをひっくるめて漫遊と呼んでいた。すばらしく「いい匂い」がした。

というわけで私は選挙を見るために出発した。目的地は激戦区のひとつとして報じられていた「香川1区」である。自民党からは平井卓也前デジタル担当相、立憲民主党からはドキュメンタリー映画『なぜ君は総理大臣になれないのか』（なぜ君）に登場した小川淳也氏。一騎打ちと言われていたが、日本維新の会の町川順子氏も参戦。この混沌とした空気、ちょっとプロレス・格闘技界の興行の空気に似ている。いや、選挙や政局にこちらが似ているのだろうか。現地では「なぜ君」の大島新監督が続編を制作中だという。その名もずばり「香川1区」。今回は平井氏のこともカメラで追っているらしい。ああ、どう考えても「まつり」である。

私は今回「選挙はそんな偉そうなものではなく、まつりである」というスタンスを徹底して発信した。楽しさを打ち出したのはエンタメにしていたらじつは嫌がる人もいるのではないか？　とも考えたからだ。森喜朗がかつて「無党派は家で寝ていてくれればいい」と言ったが、あれは本音だったと思う。権力者にとってはより多くの人に選挙に興味を持たれたら困るのだ。だから選挙をエンタメにして楽しむ人が増えればおもしろい。まつりは参加者が増えたほうが楽しいし、参加者が多いほうが結果が読めないからワクワクできる。

「香川1区」でも現場を見たら圧倒的にまつりにしていたのが小川陣営だった。どこに行っても小川陣営には人が集まり、平井陣営には人が寄ってこない。その差は衝撃的だった。小川陣営には老若男女問わずボランティアが集まり熱気が違った。開票当日、平井事務所前には一般の野次馬や近所の人がいないことにも驚いた。私たち以外は完全に関係者とマスコミだけ。かなり近寄りがたい空気を出していた。なぜか木刀を持ったおじさんもいた。ストロング金剛に似たおじさんだった。私は大げさにたとえていない。ほんとにストロング金剛なのです。木刀を持ったおじさんなんて小川事務所では見かけなかった。どっちがいいとかではなく、あの土地の対照的な層を見ることができたのが大満足だった。

結果を言うと、選挙をまつりにして熱気があった小川候補が勝った。接戦と言われていたが夜8時早々に当確が打たれたほどだ。その一方で小川氏が所属する立憲民主党は議席を減らしてまさかの負け組となった。枝野幸男代表は辞任を表明。私はここでも「まつり」というキーワードが浮かんだのである。立憲が旗揚げされた4年前にはまつり感があったのに今回はなかった。4年前は「希望の党」騒動があり、小池百合子氏が考えが合わない人たちを「排除します」と言った。排除された側には枝野氏らがいて東スポは彼らを「はぐれ民進軍団」と書いた。完全に「はぐれ国際軍団」になぞらえたものだ。すると何が起きたか。はぐれ民進軍団は枝野氏が新党（立憲民主党）を旗揚げしてブームを巻き起こした。少数派だからこそ求心力を生み、判官びいきも発生させたのだ。まつりを起こしたのである。かつての大仁田厚や前田日明の成功を思い出した。

あれから4年。新聞記事を追っていると枝野氏は党内では存在が圧倒的になり「トップダウン」的な組織になったという。これもプロレス団体あるあるだ。最初はファンの共感を浴びていい感じになるが、やがて幹部が浮世離れしていく。枝野氏がそこまでとは思わないがプロレス史を学んでいればインディー団体からの成り上がり方をもっと学べたのかもしれない。今回の選挙でも理念先行の枝野氏はキャラ的に「まつり」感を出せなかった。誰もその点を指摘しないが私はかなり大事なポイントだったと思う。まつりにしてソワソワさせる力。エンタメにも政治にも必要な要素かもしれない。

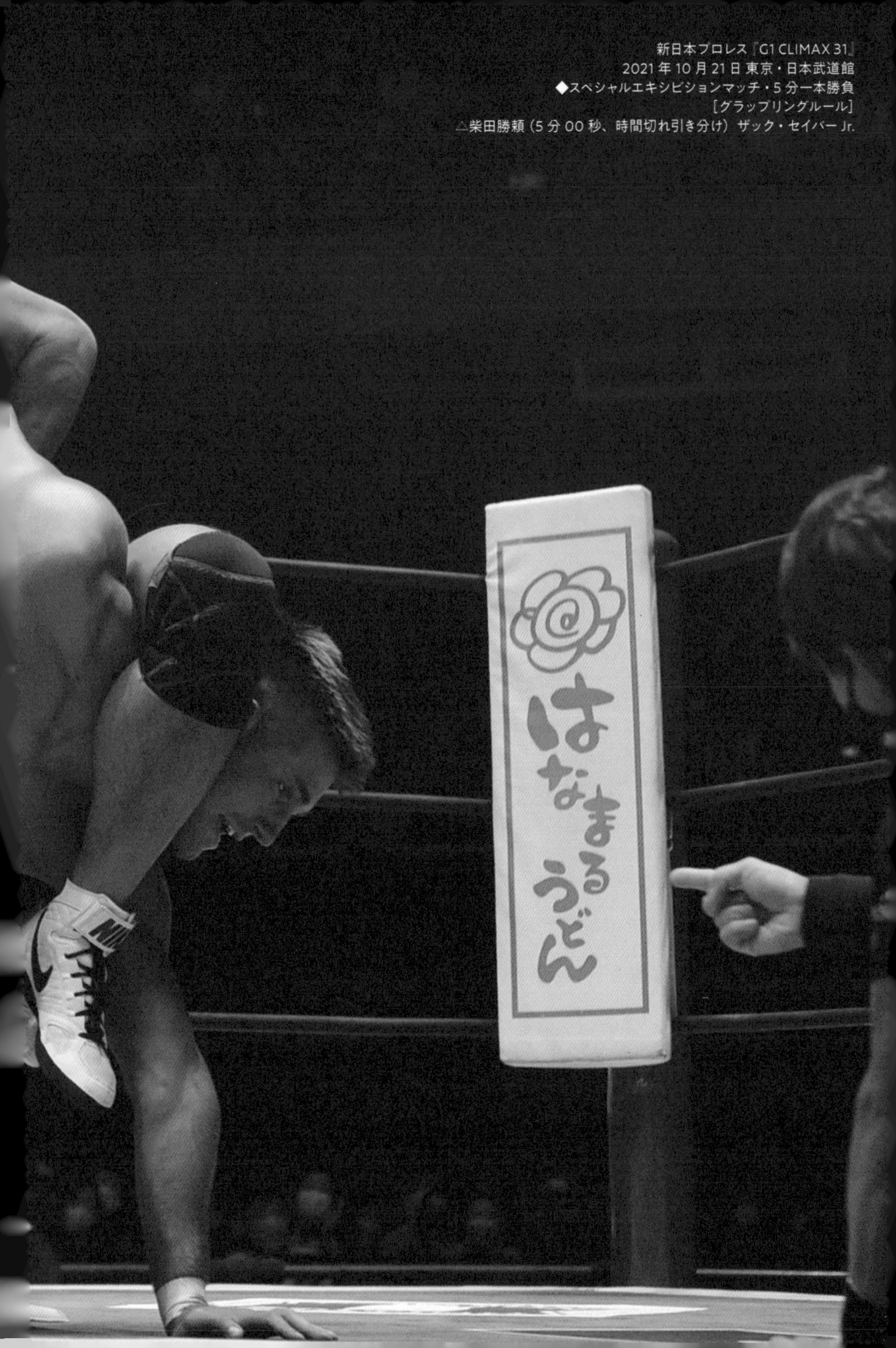

新日本プロレス『G1 CLIMAX 31』
2021年10月21日 東京・日本武道館
◆スペシャルエキシビションマッチ・5分一本勝負
［グラップリングルール］
△柴田勝頼（5分00秒、時間切れ引き分け）ザック・セイバーJr.

激動の４年間を凝縮させた
５分間のエキシビションマッチ。
柴田が止まらない。

KAMINOGE THE WRESTLER

柴田勝頼

［新日本プロレス］

収録日：2021年11月1日
撮影：保高幸子
試合写真：© 新日本プロレス
聞き手：井上崇宏

だっていつ辞めてもいいわけですよ。
途中で諦めても誰にも文句を言われないし
責められないだろうし、
むしろ勧められていないくらいで。
でも本人が『向かう』と決めちゃったんで。
だから武道館まで自力で
辿り着けたっていうのは意地です。
そこに向かって生きているんだから

「リングが恋しい。状態的にはプロレスラーになってから、いまがいちばんリングを求めていると思います」

――さっき、先にカバーの撮影をやらせていただいたんですけど。ボクって年間を通していっぱい人と会っているじゃないですか。取材相手とか仕事先とか、知り合いとか友達も含め。なんか柴田さんがぶっちぎりでムンムンしていますね（笑）。

柴田　ムンムンってどういうことですか？（笑）。

――なんか獣っぽいですよ。獣臭がします。

柴田　ああ、特にいまはそうかもですね。

――あっ、その実感が自分でもあるんですか？

柴田　ありますね。つい最近リングに上がったばっかだから。いや、そうなんですよ。リングに上がったことで自分でも忘れていた細胞が本当に蘇っている感じがあるんですよ。

――あるんですね。裸になると、本当にちょっと威圧感すら感じました（笑）。

柴田　マジっスか？

――同じ空間にいると息苦しいというか、ちょっとしんどいなっていう。

柴田　なんかスイッチが入りましたね。やっぱりリングってそういうところだと思うんで。

――前回、取材したのは去年（２０２０年）の3月ですよね。

柴田　だから、あのときはそこまで圧は感じさせなかったと思うんですよ（笑）。あのときはあのときの自分の状態であって、そこからだいぶ前進しているんで。その違いが伝わってるんじゃないですかね。あのときは撮影でひさしぶりにコスチュームを着たっていうだけで、ぶっちゃけエキシビションとかはできる状態ではなかったです。だから、あの頃からいまってかなり前進しているなっていうことを自分自身でも感じていますし、感じ取ってくれたんでしょうね。

――ひょっとしてボクが忘れているだけで、ケガ（急性硬膜下血腫）をする前もこんな圧を感じさせていたのかなって。

柴田　いや、たぶんその頃よりも「リングが恋しい」という気持ちがあるぶん……。

――飢えですか？

柴田　飢えがあります。状態的にはプロレスラーになってから、いまがいちばんリングを求めていると思いますね。

――そりゃムンムンしますよね。

柴田　今回、これまで越えることができなかったハードルを急に越えた部分があったから、獣臭みたいなものは自分でも凄く自覚していますね。

――10月21日のＧ１最終日に、武道館で突如5分間のエキシビションマッチをザック・セイバーJr.とおこないました。まずボクからの観た感想ですが。
柴田　はい。教えてください（笑）。
――やっぱり「あっ、こんなに動けるんだ」と。それは「長期の戦線離脱をしている人にしては」じゃなく、レスラーの中でもかなり動けているんじゃないかなと。
柴田　たぶんそうなんですよ。自分、動けるんですよ。ただ、動いているところを何年も見せていないだけというか、見せる場所がなかっただけで。だからいまやっていることって、ＬＡの道場で若いヤツらの練習を見ているんですけど、それは自分のトレーニングもやりながらですから。毎日、そんな生活をしているからコンディションがいいですし、練習をめっちゃしてるっていう。
――レスラーとしての練習を日々していて、なのに試合はないとなれば、逆にコンディションってずっといいわけですか？
柴田　いや、ケガはするんですよ（笑）。
――それはスパーリングとかでですか？
柴田　スパーとか、ふとしたところでケガをしちゃったりしているんですよね。それはやられたとかじゃなくて自爆的な感じで、たとえば蹴った場所が悪くて自分の足を傷めるとか。おそらく無意識に何かしらのブレーキがかかってるのかもしれません。あと、気持ちと身体のバランスって大事なので「身体がついてきてこそ気持ちのほうもいい状態になるんだな」って思うときがあるんですよ。そこも含めて、こないだの武道館のときはちょうどいいバランスでリングに上がれたと思います。もちろん焦る気持ちとかもあるけど、肉体と精神のバランスって大事だなと思いながら日々やっていますね。

「みんなコロナで弱っていて仕方のないことだとは思うけど『日本、元気ねえな』って。じつはプロレスからも感じます」

――今回のエキシビションマッチはどういった経緯で決まったんですか？
柴田　自分が「やりたい」って。そして「相手はザックで」という話をしていたんですけど、それもやっぱりＧ１のリーグ戦が進んでいく中で、アイツが負けていないと無理じゃないですか（笑）。
――脱落していて、最終日に身体が空いていないと。
柴田　「そういういろんな条件が重なったら、ザックとやらせてほしい」っていう話はずっとしていたんですよ。それこそ今年の始めくらいからもう言っていましたね。
――えっ、今年の始めから？
柴田　はい。去年インタビューしてもらったあとも、いろんな感覚を取り戻しながらやってきていたので、今年の始めに大張

（高己）社長が新日本の新社長になって自分との契約のときに提案をさせてもらって。もちろんドクター、トレーナー、社長、会長と、いろんな人からオッケーが出ないと実現できないわけですけど。

——そこでひとりでも反対したらダメなんでしょうね。

柴田　ダメですね。ただ、自分にしてみればどうしてもいまの状態を確かめたかったですし、ずっとまわりから「柴田ってどうなんだ?」とかって言われる状況も嫌だったんですよね。「そんなの、自分の身体は自分がいちばんよくわかっとるわい」っていう話なんで。そういう思いもあって、「いま、これです!」っていうものを見せられたらいいなと思っていたし、そうしたら心配してくれている人だったり、「もうダメだろ」って思っている人とかに対しても、言葉にしなくてもわかってもらえるんじゃないかなって。

——言葉にして伝えたところで、信じてもらえるかはわからないし。

柴田　「じゃあ、とにかく観てくれ」って。それとコロナもあって、明るいニュースがなさすぎじゃないですか。世の中、元気がなさすぎるんで。

——世の中が?

柴田　世の中が元気ないっスね。それはロスで生活をしていてもそうだし、日本にいると特に感じますね。「日本、元気ねえな」って。仕方のないことだとは思うけど、みんなコロナで弱っているんですよ。それが日常になっていて当たり前になっちゃっているのはよくないですよね。じつはプロレスからも感じます。なので、ちょっとした刺激が必要だとはずっと思っていました。たとえば自分がこうやって黙ってエキシビションマッチをやった。そのことに対して誰かが「あー、またやられた!」とか「持っていかれた!」「なんで黙ってやるんだ!」って思うのもありなわけですよ。

——それは身内のレスラーの話ですね。

柴田　はい。「悔しい」とか「嬉しい」とか刺激の種類はなんだっていいんです。「刺激になったのなら、がんばるしかないですよね」っていう話で、自分がそういう刺激になれたらいいなって思っていました。

——自分自身の復帰への模索と同時に、いかにシーンに刺激を生むかを考えていた。

柴田　自分はずっとこういう人生を歩んでいて、〝プロレスラー柴田勝頼〟の物語はずっと続いているわけだから、そこはもうしょうがないです。自分は常にこういう角度からも新日本プロレスと勝負しているわけですから。

——正直に言うと、「凄く動けるな」と思ったその一方で、やはりどうしても緊張しながら観てしまうというか。グラップリングと言いながらもけっこう頭に振動がいってるだろうとか、

そんなに接触しても大丈夫なのかって。

柴田　でも4年ぶりに三点倒立もしていますからね。やった瞬間に「あっ、できた」と思って（笑）。最初は「ヘッドギアを着けてリングに上がったほうがいいかな」とも思ったんですけど、「いや、逆にいらねえな」っていう感覚で。それはやっぱり相手がザックだから、ああいうルールでもできるだろうっていう。

——ザック選手とならグラップリングでもきっちりと魅せられるだろうと。

柴田　だからグラップリングのエキシビションマッチでしたけど、自分の中ではあれがいま見せたいプロレスでもありましたね。なんか最近のプロレスを観ていても〝我慢比べ〟が主流というか、攻防がないんですよね。技と技のかけ合いというか。そもそも自分がやってきたプロレスの中にも我慢比べの要素がけっこうあったんでそのイメージが強いとは思うんですけど、自分のプロレスの根底はそれだけじゃなかったんで。

——ああ、なるほど。違う引き出しもたくさん持っていると。

柴田　対戦相手によっては我慢比べみたいなこともやっていたんですけど、いまはそういうプロレスをしたいっていう気持ちがないんですね。みんながやり過ぎていて。「それは4年前の話じゃん」って思うというか。だから「あれから4年が経っても、みんなずっとこんな感じのことをやってるのか」っていう思いもありつつ、自分はケガをしたことによって、できることやできないこと、気をつけたほうがいいこと、身体の状態によっていろいろな制限が出てきちゃったんですよ。そうなるとテクニックですよね。プロのレスリング。ただ固めるだけとかじゃなく、競い合えばいいんじゃないかっていうふうにいまはなっていますね。

——プロのレスリング技術で。

柴田　そうなんですよ。いまだと技をひとつかけて「アー！」、ひとつかけて「アー！」って感じで。だけど技をかけようとした瞬間っていちばん〝攻防〟が生まれる瞬間なわけですから。極端な話、1回完全に極まったら終わりだと思って動いているんで。その攻防の中でプロレスから生まれた関節技だったり、プロレス技が飛び出たらおもしろいじゃないですか？　やっていても、観ていてもワクワクできるレスリングってそこなのかなって、いまは思っています。

暗いニュースをずっと暗く掘り下げている。よっぽど他人の不幸が好きなんだろうな。そういうのはちょっともういいや

——コロナ禍になってひさしく、でもそろそろ明けるんじゃないかという雰囲気もありつつ、柴田さんの目にはここ1、2年の新日本プロレスはどんなふうに見えていたんですか？

柴田　自分はアメリカと日本を行ったり来たりだから、向こうの大会も観ているんですけど、やっぱり日本のほうはなんか元気がないです。選手は凄くがんばっているんですよ。ただなんだろう、同じシーンを何回も観ているような感覚になるというか。それは誰がとか、何がとかっていう具体的なものじゃないんですけど。コロナっていろんな交流が途絶えるというか、その村から出られなくなるんですよね。そうなってくると、ひとつの集落の中でできあがったスタイルみたいなものが何周もしちゃうんですよ。自分の目にはそんなふうに見えていて、何かにワクワクしているようなレスラーってそんなにいないいんじゃないかとか。それが、たとえば棚橋（弘至）くんとか日本人選手がアメリカに来て試合をしたら、また印象がまったく違って見えたりするし。

――ああ。ところ変わればで。

柴田　日本での試合の印象と違って、凄く活き活きとやっているように見えましたし。なのでロス大会はいい大会だったなって純粋に思いました。やっぱり対戦カードとかも絡んでくるんですかね？　どうしても日本だと同じメンツでぐるぐる回すしかないっていうのがあるので。だったら、そこで自分が風穴を開けたいなっていうのもありましたし。

――たとえば棚橋さん本人は日本でもロスでも同じことをやっているつもりでいても、まったく違ったふうに見えているよっていうことですよね。

柴田　そうなんです。だからやっぱり環境っていうか、シチュエーションって大事だなって思うんですよね。うまく違いを伝えられなくてすみません。

――いや、わかりますよ。それって鈴木みのるさんにも同じことが言えますよね？

柴田　たしかに。

――2カ月間、ひとりで全米を回って試合をして、あんなに各地のファンを魅了して。

柴田　そうですね。本当に凄くのびのびとやっていて、あれが本来の鈴木みのるだなって。

――これは10年前の創刊号で甲本ヒロトさんと話したことなんですけど、人って海を渡るとなぜかいったんリセットされるというか、リフレッシュされるっていう。

柴田　あー、そうそう。たしかに（笑）。

――ボクはそれを〝オーバー・ザ・フェンス理論〟とずっと呼んでいて、まったく浸透はしていないんですけど（笑）。一度柵を越えちゃったら新しい感覚が芽生えるっていう。

柴田　しかもコロナも影響して、人の視野がどんどん狭くなっていると思うからなおさらですよね。

――だから柴田さんはロスを拠点にしているからこそ感じるこ

ということか、みんなと違った視点があるのかもしれないですね。

柴田　たぶんそれはあると思います。海を渡ってこっちを見て、また渡ってきてあっちを見てってやっていると自然とそうなっていたというか。ずっと日本で普通に暮らしていて、何かきっかけでもないと「アメリカで生活しよう」なんて絶対に思わないじゃないですか？　自分はケガで試合ができなくなったときに「環境を変えたい」と思ってアメリカに行って。それでアメリカに行ってみたら、「日本で悩んでいたことなんか小さなことばかりだったな」って凄く思いましたから。

――ボクは海外で生活をしたことはないですけど、旅行や取材とかの短期で行っても、現地に着いた瞬間にスマホのニュースが全部どうでもよくなりますよ。「まだそんな話題をやってんのかよ？」みたいな（笑）。

柴田　その感覚は凄くわかりますね。ほんっとにクソどうでもよくて（笑）。だから逆に日本に帰ってきたときにワイドショーとかを観たときとかも、「これを何回やるんだろ？」「きのうもやってたよね？　1回でいいじゃん」ってなるんですよ。くだらないんですよ。

――「暗いなー！」って思いますよね（笑）。

柴田　暗いニュースをずっと暗く掘り下げているんで。よっぽど他人の不幸が好きなんだろうなって。いや、たしかにそうなんですよ。日本ってどうでもいいことを盛大に拾い上げるんで、「そういうのはちょっともういいや」って。だからテレビはほとんど観ないです。本当にどうでもいいことばっかりやりすぎていて、真実が見えてこなくなるし、本質も隠されていくし、伝えなきゃいけないことを伝えていないじゃないですか。

――いま頭の状態はどんな感じなんですか？

柴田　いいですね。今回のエキシビション後にドクターのところに行って検査をしてもらったら、「変わらず状態はいいです」と言ってもらえました。エキシビションのあと、一度リングを降りたんですけど、それからまた戻って受け身を取ったじゃないですか？

――そうでしたね。あれはなぜ？

柴田　「なんか物足りねえな」と思って（笑）。いまって客席から拍手だけで声援はないからよけいに「物足りねえ……」みたいな。だけどあそこで受け身を取るっていうのが大きかったですね。

高山さんに『物事にはかならずルールや枠がある。その中でどれだけ自分の試合を見せられるかが本当のプロだよ』って言われました

――頭の中に、硬膜のかわりにゴアテックスを入れているって

言っていたじゃないですか。

柴田 ああ、入れっぱなしですよ。カッコいいでしょ。

――カッコいい（笑）。それはもう入れっぱなんですね？

柴田 入れっぱです。それで大丈夫です。

――定期検診みたいなのもやっているんですか？

柴田 定期的に脳の検査はしています。まあでも、だいぶ回数は減りましたけどね。

――じゃあ、普段はもうほとんど行かない？

柴田 「よっぽど何かなければ来なくて大丈夫です」と。

――じゃあ、今回の試合後にやったのは、いわゆるスポーツ選手のメディカルチェックってことですね。

柴田 そうです、メディカルチェックです。試合前、試合後で。それをやることが今後も重要になってくるところかなと思いますね。何かをしようとするのであれば。

――聞きたいのは、日常生活や練習でもいたって普通です、ただ開頭手術をしちゃっていますというところで、お医者さんだったりトレーナーさんだったりから、プロレスの試合へのゴーサインをもらうっていうのはやっぱり難しいものなんですか？

柴田 そこの話をもうちょっと詰めていきたいですね。慎重に。可能であれば、そういう試合のペースとかについてもドクターや会社と相談していきたいなと思っています。これは自分の感覚なんですけど、おそらく試合ができたとしても本当に残り数試合じゃないかなという感覚ではいます。やれて年に数回ずつ。試合前後にメディカルチェックしながら総合くらいのペースで。その中でもできる試合とかルールとかも模索しながら、コンディションを作りながらになると思いますし。だから今回のエキシビションっていうのは、駒を進めるっていう意味では本当に大きな一歩だったんですよ。いままでずっと表に出ていないから百聞は一見にしかずじゃないですけど、いま道場でやっている動きとか、練習でこんなことをしているっていうのを一発見せる。ただ、そこまでにたどり着くのに三歩進んで二歩下がる、時にはそれが四、五歩下がったりとかしていますけど、その積み重ねでこの4年間やってきていて。それであの日、あの動きができているっていうところまで見せられたんですよね。たった5分でしたけど、自分にとってその5分間は凄くターニングポイントになったというか、ケガからの復活の足がかりとなる5分間でしたね。

――おととしの武道館ではKENTA選手との接触があって、コーナーでの串刺しドロップキックをやったりとかっていうシーンもありましたけど。リングでパフォーマンスを披露するという意味では今回のエキシビションも同じですけど、濃度が全然違うわけですね。

柴田 全然違いますね。

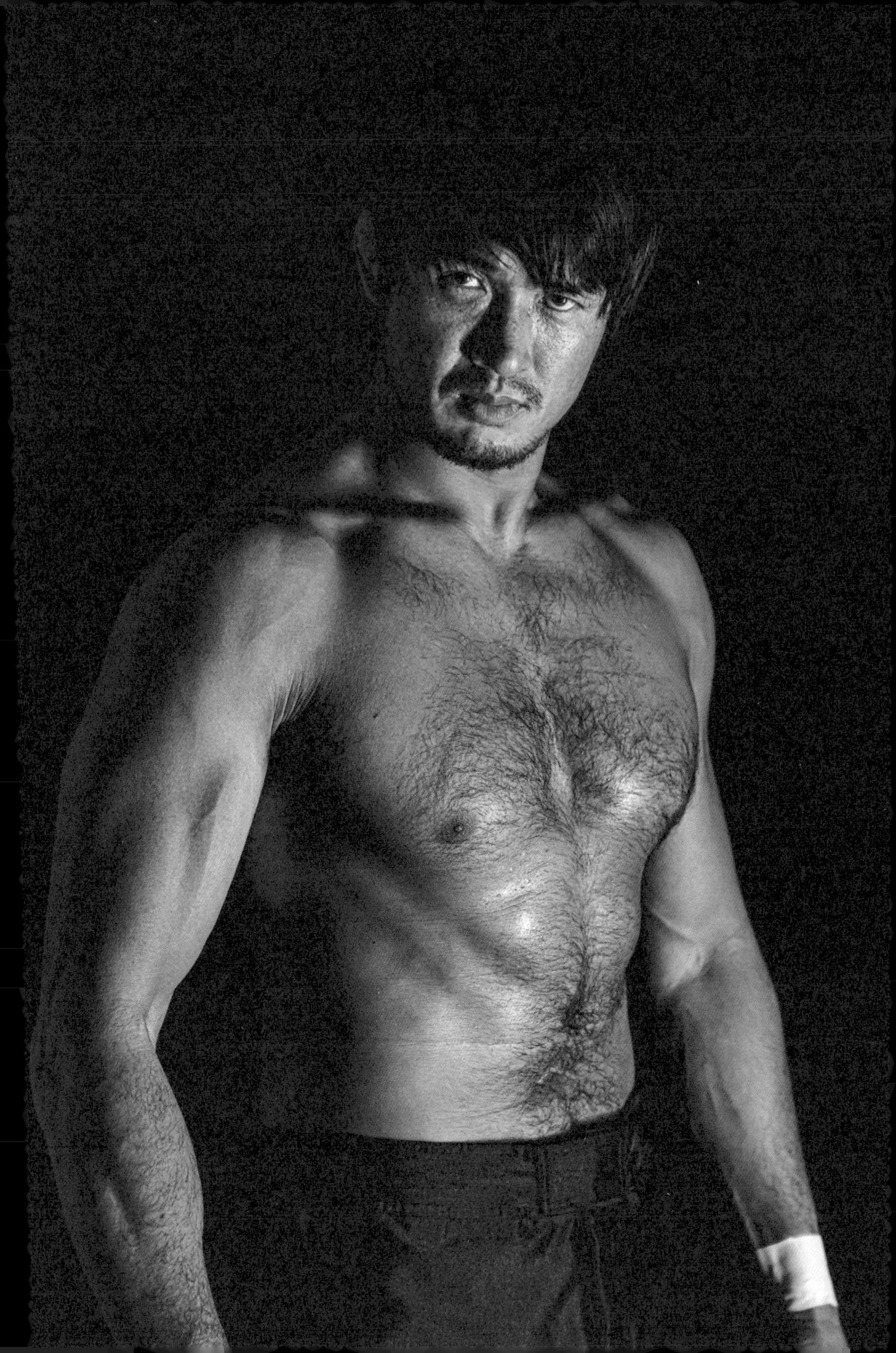

——あのときもほんの数分ですけど、とても欠場中の選手の動きには見えなかったですけどね。

柴田　あの感覚と気持ちを常にキープし続けているってことです。おもしろいのは、最初にケガした年も病院から退院して数カ月後のG1決勝で両国に行って、マイクを持って「生きてます！」ってやり、その次の年は棚橋くんが決勝に行って飯伏（幸太）とやって、飯伏にはケニー・オメガが、そして棚橋くんには自分がセコンドに付いていて、飯伏が「あー！」となっていて。

——棚橋さんに「新日本を見せろ！」と言ったやつ。

柴田　それで、その次の年がKENTAへのドロップキックだったので、段階を踏んで回復具合が見えていますよね。去年はコロナで特になかったんですけど、そして今年と。なのでG1決勝の日に自分の回復具合を追ってもらえたら（笑）。

——「柴田、いまここ」って。だから「次にリングに上がるときはコスチューム姿で」っていう。

柴田　それはもちろん。そこが自分の中では次の目標ではあるんで。ただ、医者が止めるかもしれないし、会社が止めるかもしれないし、わかんないです。でもそこをずっと目標にしている。そうでないとても自分自身を保てないですね。ファンの方が心配してくれているのもありがたいです。ただ、その一方で頭ごなしに否定的なことを言いたい人っているじゃないですか？　たとえばケガをしたときだって、頭突きが原因だと思っている人とかいるわけで。実際はそうではないけど、試合のイメージやネットの情報だけで判断する人の声は自分の中ではどうでもよくて。てめえの身体はてめえがいちばんよくわかっているというか。いまは「試合をする」っていうのが自分の人生の目標なんですよ。それを否定されたくはないですね。ぶっちゃけ、気持ちとしてはそんな感じなんですよ。

——本気で心配してくれている人もいる中で。

柴田　見たいように見てもらえればいいのですが、ここは柴田勝頼というひとりの男の人生の話にもなってくるので、「見たまんまを受け止めてもらいたいな」というのはあります。どこでストップがかかるかはわからないですし。もしかしたらできないかもしれないし、もしかしたらできるかもしれない。ただ、可能性がゼロじゃないわけですよ。今回のエキシビションをやったことによって、その確率が凄く引き上げられたなとも思っているし。実際に観てもらったら、これくらい動けるんだなっていうのがわかりますから。たぶん前みたいなスタイルでバチバチで、ガツガツの、本当に我慢比べ的なものを自分に求めてイメージしているのであれば、「それはさすがに止めようと思うよな」と自分でも思うんですけど、自分はこの4年間、いろいろと制限がかかった中でも、逆に向上している部分を見つけてきたっていうのもあるんですよ。昔、新日本に戻ったばかりのときに髙山（善廣）さんに言われました。「物事にはかならずルールや枠っていうのがあるから、その中でどれだけ自分の試合を見せられるかが本当のプロだよ」って。その言葉は何をやるときでもずっと頭にあります。

成田が自分に似てきたって言われて、それがいいとか悪いとかは自分にはわからない。ただ『似てくるんだな』って思いましたね

――そういうのもあって、やりたい新しいスタイルというものを見つけ出しているんでしょうね。

柴田　大切な部分は変わっていないですが、申し訳ないけど、こっちは4年前で止まっていないんですよ。練習環境から何から。試合運びとかもちょっと細かい部分で変わってくると思うんですけど、（技術の）引き出しが増えてしまっているんで（笑）。そりゃ4年間ずっと練習だけしてきたら技も増えますよ（笑）。

――過剰ストック（笑）。

柴田　「これは絶対に使えるな」と思っているやつがいくつかあって。この4年間、自分はまったく止まっていなかったんです。じゃなきゃエキシビションでも動けていないと思いますよ。言ってもザックのレスリングは独特だし、そもそもあれについていけてないと思います。

――4年前と同じスタイルのままなら、エキシビションで何を見せたらいいのかわからなかったかもしれない。

柴田　それこそザックの相手にもなっていないと思います。だけどたぶん互角、もしくは互角以上にやれるっていう自信が自分にはあります。

――柴田さんなりに大丈夫だという確信があるのかもしれないですけど、ザック選手は今回、実験に付き合ってくれたわけですもんね。

柴田　そうですよね。本当に心から感謝しています。今回のエキシビションをおこなうにあたって、事前に知っていたのはごくわずかで、菅野（洋介）トレーナー、ドクター、大張社長、菅林（直樹）会長、レフェリーの（マーティー）浅見さん。あと、リングアナと音響さんは当日の直前ですね。それにプラスして自分とザックなんで、やるのを知っていたのは10人もいなかったんですよ。

――当日、出番までどこにいたんですか？（笑）。

柴田　それをいま言おうとしました（笑）。ずっと見つからないようにしていて、でも試合前にリングで動いていたりしたらまわりから悟られるじゃないですか。なので、レスラーで早い人は14時半くらいに会場入りだって聞いていたんで、自分は13時頃には会場入りして。どうしてもリングチェックだけはして

おきたかったんですよ。ロープを走ったりとか軽く動きたかったし。そうしたらテレ朝の人がカメラチェックを始めたので、リングを使える時間も少なかったんですけど、それでも30分くらいロープを走ったり、受け身を取ったりして動いて。そのあとに選手が何人か来始めたから、そこからは6時間以上「立入禁止」って書いてある部屋がエントランスの近くにあって、そこにずっといましたね。トイレもなるべく我慢して部屋から出ないようにして。

——でも柴田さんがバックステージにいるのは、そんなに不自然な光景でもないじゃないですか。

柴田 まあ、そうなんですけど、なるべく選手に見られないようにはしていて。

——まあ、ムンムン具合でバレちゃうか（笑）。

柴田 「まだか、まだか……」「あと5時間くらいあるな……」とか。そのうちすっげえ腹が減ってきて（笑）。

——リアルに飢餓状態（笑）。

柴田 もう腹ペコの柴田勝頼がいました（笑）。「こんなに腹が減っていて動けるかな」って思ったんですけど、リングに上がっちゃえば関係なかったですね。

——どうですか、ロスのほうは？

柴田 いいですよ。いま新しく上村（優也）が来ていて。

——成田蓮選手は、いまや柴田勝頼の生き写しみたいになっていますよね。

柴田 ああ、成田に関してはそれがいいとか悪いとかは自分にはわからないんですよ。ただ「似てくるんだな」って思いましたね。かつての自分もそうだったんですよ。一緒にトレーニングをしていた船木（誠勝）さんにどんどん似ていって。やっぱりそれはずっと一緒にいて、同じものを食って、同じトレーニングをしているからで、そうするとなんか持ち物とかも似てきちゃうんですよね。ちょうどこないだ病院に行くときに菅野トレーナーともその話をして。やっぱり「成田が柴田に似てきた」っていう声をよく聞くんで「どうなんですかね？」って聞いたら、菅野トレーナーに「それって成功のパターンなんじゃないですか？」って言われたんですよ。「えっ、どういうことですか？」って聞いたら、棚橋くんは武藤（敬司）さんの付き人をちょっとやっていた時期があって、「最初は棚橋さんも武藤さんの真似とか言われていたかもしれないですけど、ただ全然関わりのない人がやるのは真似で、直接的に関わりがあって教えてもらったりする交流がある時点でそれは真似じゃなくなるんですよ」と。それはその人の背中を見て育っているから仕方がないというか、ごく自然なことであって。「そのあと棚橋さんもちゃんと自分のレスラー像を築き上げているし、柴田さんだってそうじゃないですか」って言われて「なるほど！」って。凄く腑に落ちることを言うなと思って。

――たしかに成田選手は単なるコピーには見えないんですよ。

柴田　単純にいまどうこう言っても成長段階ですから。歩んでいる道の途中です。なんなら自分もいまだに迷子ですから（笑）。

LA道場に来ているからには上っ面じゃなく『アイツ、さすがLA道場出身だな』ってなるような本当に中身が詰まったレスラーにする

――たたずまいや雰囲気は、似せようとしてもできないですからね。

柴田　やっぱ自然と似てくるんですよ。おもしろいなと思って。まあ、言ってみれば日本人の中では一番弟子なわけじゃないですか、成田が。アイツを育てることは自分の宿題でもあり、自分のやるべきことのひとつの課題ですからね。成田自身が直訴してLA道場に来ているわけですから。かと言って、「ああしろ、こうしろ」とかべつに強制はしていないですからね。あくまでも聞いてきたことに答えるというスタンスで。あとはすべて成田次第。アイツはいま蹴りを一生懸命練習しているんですけど、「蹴りを教えてください！」って言ってきたんで、「形で蹴るのは俺は教えないよ」って言ってジャブから始めて。距離を取るのに足だけでっていうのはなくて、手の距離もあっての足なので。それでやっといまワンツー、ローができるようになってきたっていうところですね。

――形だけっていうのは絶対に教えない。

柴田　自分がいま日本に戻っているんで、「そのあいだ練習の動画を送ってもいいですか？」って言ってきて。「サンドバッグを殴ったり蹴っている動画を観てアドバイスをください」っていうことで毎回送ってくるんですよね。そこで「ここはもうちょっとカカトを返したほうがいい」とか、肩が入っていない、腰が入っていない、足の位置と幅がよくないとか伝えて、「これってリモート練習だな」って思いながら（笑）。

――それってまさに船木さんに師事していた頃の、なんでも吸収したがっていた柴田さんみたいじゃないですか。

柴田　そうっスね。それはそれでいいことだと思うんですよ。だけど、その先。これでずっとやっていたら自分は超えられないよっていうのはあるんで、成田には何か大きなきっかけが必要だなと思っています。きっかけになる大きな試合でもあるといいなと思っていますね。

――ボクらみたいなうるさいおっさん世代は、ちょっと成田選手を追っていたらいいですか？

柴田　どうですかね（笑）。まだそこまではいってないんじゃないですか。でもそのへんの層を唸らせることができるレスラーにはなってもらいたいですね。あと、いま見ていると上村

のほうがおもしろいですよ。若い頃の藤波（辰爾）さんみたいです。それで上村と成田は棚橋・柴田と同じ年齢差で、大卒と高卒で入っているから、上村が歳上だけど後輩っていう関係性で。そのふたりがロスに行っているんで見ていておもしろいですね。色分けをしても赤と青、光と影、太陽と月みたいな。

――柴田さん、英語はもうペラペラなんですか？

柴田　全然っスよ（笑）。いまはあまり外に出られないけど、なぜかコミュニケーションは取れちゃうんで。いちおう勉強はしていて、大学ノートが10冊埋まるくらいはやってきたんですけど、全部が頭に入っているかどうかはわからなくて。LA道場の教え子のアレックス（・コグリン）と毎晩メシのあとに勉強しているんですよ。自分が日本語を教えて、アレックスが英語を教えてってお互いに。でも4年行ったり来たりはしているんで、さすがに軽い会話やコミュニケーションは取れるんですけど、そこで正しい英語が使えているかどうかっていうのはわからないです（笑）。もともと勉強嫌いなのでテキストを読むのが遅くて。でも英会話って日本でやる勉強がかならずしも合っているとかじゃないし、向こうで生活をしていたほうが英語って身につくわけですし、もちろん英語で話さないと生活ができないんで。

――なんとなく会話はできちゃっているんですね。

柴田　この感じだと、メキシコに行ったら行ったでちゃんと生活ができると思うんですよ。「これはどこに行ってもできるな」って思いますね。

――会話といえば最近よく感じるのが、この歳になったからなのか、コロナ禍だからなのかわからないですけど、男同士でも会話することって生活のことばっかになることが多いんですよ。要は商売がどうだとか収入がどうだとか。

柴田　家賃がいくらだとか。

――そうそう。それに最近ちょっとうんざりしていて、野郎と生活の話なんかしたくないんですよ（笑）。

柴田　はいはい、わかります。でも、そういうこと以外の話ができるヤツってほとんどいないっスよ。自分は基本的にたくさんの人と会話すらしないけど。

――もともと（笑）。

柴田　今日なんかめっちゃひさびさに人と話をしていますから（笑）。でも、それは日本ならではじゃないですか？

――そうなんですか？

柴田　そんなことないのかな。アメリカにいたら、まあ環境がそうなんですけど、基本的にはプロレスの話ばっかしているんですよ。みんなでプロレスの試合を観たりもするし、とにかくプロレスにどっぷりなんですよね。耳に入ってきた情報だと、海外遠征をしている連中の中でもLA道場はちょっと真面目だなって思いますもん。健全だなって。みんなハウスにいて練習

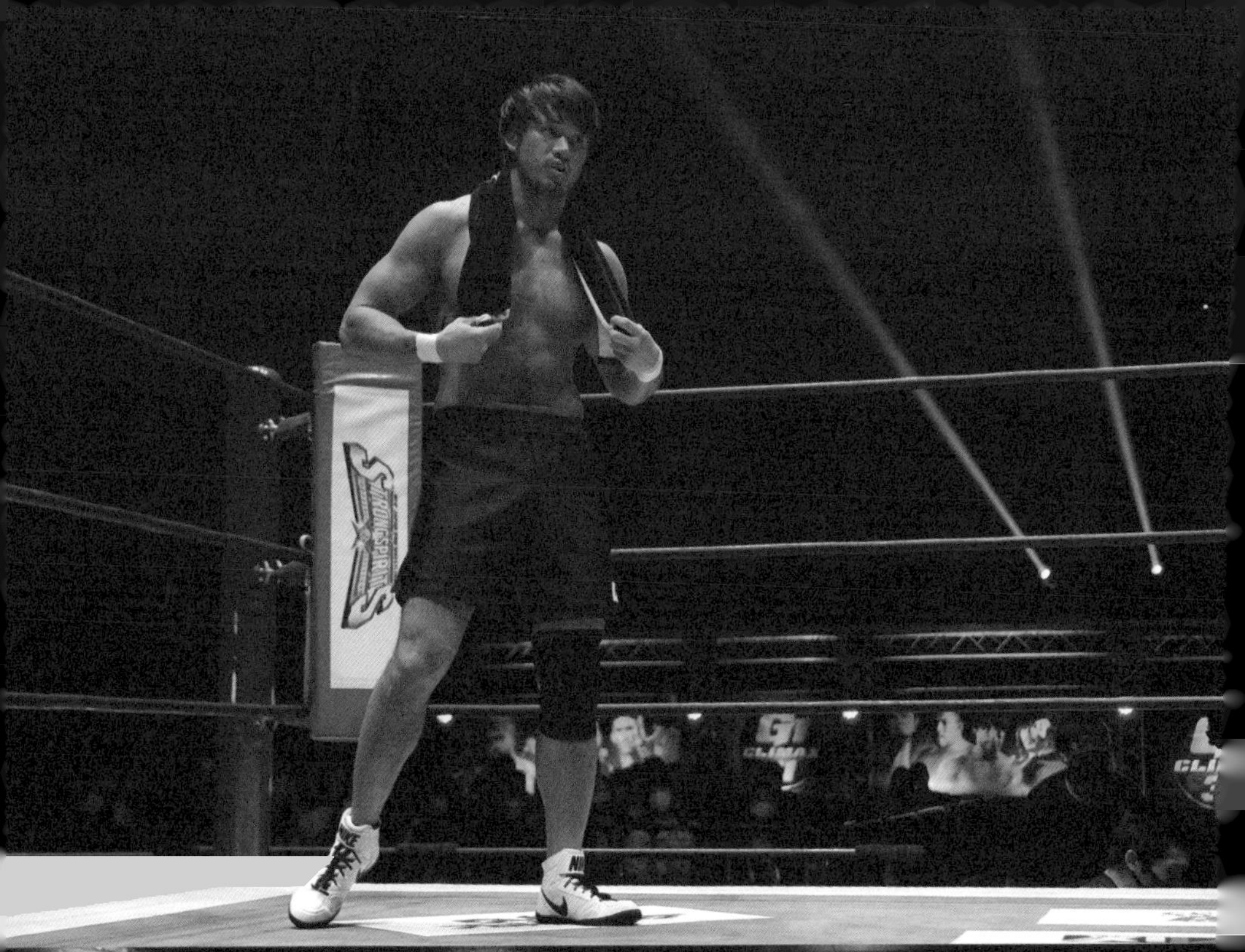

をして、一緒にメシを食って、また練習して、たまに試合に行って、これってプロレスラーとして凄くいい生活リズムというか修行の場だなって。

——1日じゅうプロレス漬けの生活が続いていくうちに、それが人生になっていく。

柴田　だからもうLA道場に来ているからには上っ面じゃなく、本当に中身が詰まった、どこに出しても、どこの国に行っても、「アイツ、さすがLA道場出身だな」ってなるような一人前のレスラーにするつもりです。

LAの道場がなかったらいま何をしていたんだろう……。正直、ここまでがんばれなかったと思いますよ

——最近、友達から渡されて読んだ本があったんですけど、そこに「生きてますか?」って聞かれたら、もちろん全員が「はい」と答えると。「でも物理的に生きているのはたしかだけど、実際は生の実感に満ちている濃厚な時間はそんなにないんじゃないか」というようなことが書いてあって。それでその生の実感というのは、海外旅行とかギャンブル、犯罪、激しい恋愛とかっていう非日常的な体験の中にあると。

柴田　あー、なるほど。

――だから危うさと隣り合わせにあるときにこそ、生を実感するという。

柴田　たしかに。

――だから柴田さんはいま、ボクら以上に生きていることを実感していると思うんですよね。

柴田　たしかにそれで言うと、武道館のリングに上がったときは本当に生きている心地が凄くしましたね。なんだかんだでそこに辿り着くまで、イメージして形にするまでに4年かかっているんですから。このザック戦というのは自分の中で凄く早い段階でイメージしていたんですけど、このイメージするっていうことが大事で、何年かかるかわからないけど現実にしてやる。自分は3年だと踏んでたんですけど、コロナと重なって思い描いていたイメージから1年延びた。本当に一歩一歩、階段を昇るように進めていくしかない状況だったから、それでも焦らずに自分の身体の状態と相談しながら虎視眈々とタイミングをうかがっていてのあの日だったので、やっぱり特別な日でしたし、胸を張って「ああ、俺は生きてるな」って思いましたし、感じられましたね。たしかにそれもリスクがあるからこそだと思います。

――ここまでの4年間、リスクしかないわけですからね。

柴田　はい。そしてみなさんの目にもあきらかに「あっ、柴田元気じゃん」っていうのを見せることができて、それも反応として返ってくれれば、そこでも「あっ、俺はしっかりと生きてるな」と思えるし。なのでリングに上がれなかったときっていうのは、自分の存在がなんなのかさえもわからなかったですね。できるのか、できないのか。ケガした直後の入院中なんかは、生きているのか生きていないのかも本当にわからなかったんですよ。じつはずっと夢とか、じつはもう生きていないとか。管につながれて、ただ生かされているだけのような気がして。「これはどういう状況なんだ？　いつまで続くのかな？」っていうのも感じていましたから、自力でこないだの武道館まで辿り着けたっていうのは意地ですね。それが目標だったし、もちろんまわりの支えもありつつですけど、そこに向かうか向かわないか、向かおうとする意思っていうのは本人じゃないですか？

――それはもちろん。

柴田　だって、いつ辞めてもいいわけですよ。諦めても誰にも文句を言われないし、責められない。むしろ勧められていないくらいですし。「これ、やっぱ無理だ」って思ったらいつ諦めたっていいんですけど、本人が「向かう」と決めちゃったんで。そこに向かって生きるという決断をしただけです。これはなんでもそうだと思います。すべての人に言えると思います。そこで止まってしまって別の道に行くのもありだと思いますし、そのまま突き進むのもありだと思うんですよ。無理なものは無理なんですから。だから自分もいろんな道を模索しましたしね。

エキシビションにしろ、結局すぐにそれができるっていう感覚が身体になかったんで。ケガをした直後は、またリングに上がって元気な姿を見せるっていうことができるとは思えなかった。だんだんと回復してきたときも、できるにしてもちょっと時間がかかるなと思ったんで、新日本がLAで道場をやるってなったときに「あっ、俺やります！」って手を挙げて。

――先の見えない過酷なリハビリをずっとやっていて、環境を変えてみたくなったんですよね。

柴田　そこで自分の練習環境も整えられるじゃないですか。LA道場をやって、教えながら自分もやれるし、LAのヤツらを育てて輩出していくっていうのも自分の中では手応えがあるし、組み合って練習したりするのも自分自身にもプラスになるし、アイツらにもプラスになる。だから凄くいい環境を作れたなと思いますね。逆にLAがなかったら何をしていたんだろう……。正直、ここまでがんばれなかったと思いますよ。やっぱりアイツらがどんどん成長していくときに、ちゃんと自分が見本としてできていなければダメだっていうのがあったからやり続けられたっていうのはありますね。それでいま成田や上村がLAに来て、関節技とか蹴り方にしても、自分自身ができないと教えられないじゃないですか？　そこで自分ができることはなんでも教えるし、まだまだみんなに教えることがたくさんあるっていうのは、自分が一度新日本を辞めて格闘技をやって、船木さんや桜庭（和志）さんと一緒に練習をやって、また新日本に来てっていう、そうやって回り道をしてきたことすべてがいま凄く活かされていますね。

――いやいや、回り道どころかあの格闘技時代があってこその柴田勝頼じゃないですか。結果オーライですよ。

柴田　まあ、そうっスね。LA道場ってもともとは倉庫だったわけですからね。新日本が海外ツアーを組むときのためにリングを置く場所っていうだけだったんで。そこで道場にするとかしないとかの話を小耳に挟んだので、「自分が行くのできちんとした道場にして、レスラーを育てないですか？」っていう話をしたんです。「それを俺にやらせてほしい」って言って。

――あれ？　コーチ志願じゃなくて「道場にしましょうよ」っていう？

柴田　はい。

――LAに道場ができるからそこにコーチとして行きたいってことじゃなくて、「あそこを道場にしちゃいましょうよ。俺がコーチをやりますから」っていうことだったんですね。この経緯ってボクが知らなかっただけですかね？

柴田　いや、ほとんどの人が知らないんじゃないですかね。

――必死に生き場所を探していて、環境を変えたんじゃなくて、自分で新しい環境を作ったってことですよね。

柴田　そうっスね。自分で作りましたね。タイミングもよかったです。道場をスタートするときはいろんな困難もありましたけど、だからこそLAのヤツらとはいろんな苦労を共にしてきたっていうのもあるし、そこで築けた信頼関係っていうのもあるし。本当にいい道場を作れたなって思いますね。接点がないので自分が名前を出すのはおこがましいことかもしれませんが、「カール・ゴッチさんとかもこういうことだったのかな?」ってちょっと思いました。

——と言うのは?

柴田　素材自体は凄いヤツらが揃っているんですよ。その素材を持っているのに身体の使い方や基本的な動きや関節の極め方がわからない、プロレスのやり方がわからない、人の蹴り方、殴り方がわからないってヤツがいて。自分は経験してきた中で彼らより知っていることが多いのは当たり前なんだけど、理にかなったことしか教えていないので、そういう連中をイチから教えなきゃいけないってときに「ゴッチさんってこういうことだったんだろうな」って思うんですよね。日本の道場で教え子たちに腕十字、アームロック、アキレス腱固めとかを教えていてもみんなわからないし、知らないから魔法をかけているみたいな感じでかかっちゃう。その過程できちんと痛みを教えていたからこそゴッチさんは伝説になっていると思うので。「この人、強えな!」っていう。そこがなければ身体の大きい頑固な外国人っていうだけだったと思うんですけど、その場所にいる人間を黙らせるだけの強さなり、テクニックがあったからなんだろうなって思ったりしますね。新日本プロレスが旗揚げしたときも、猪木さんが何よりも先に道場を作った、そしてそこから道場論というものが生まれたんだなって。

——いま、柴田さんはずっと道場にいるから、そんなところに想いを馳せるんでしょうね。

柴田　LA道場は、自分にとって生きるところであり、練習を積むところであり。本当にかけがえのない場所になりましたね。

柴田勝頼(しばた・かつより)
1979年11月17日生まれ、三重県桑名市出身。
プロレスラー。
プロレスラーになることを目指し、高校でレスリングで鍛えたのち1998年3月に新日本プロレスに入門。1999年7月にプレデビュー、同年10月10日、井上亘戦でデビュー。2003年11月3日、K-1ルールでの天田ヒロミとの対決や、新闘魂三銃士、魔界倶楽部の一員として脚光をあびるが、2005年1月に新日本を退団。ビッグマウス・ラウド、総合格闘技で武者修行をおこなったのち、2012年に桜庭和志とともに新日本参戦。後藤洋央紀との対決やタッグ結成、第10代&12代NEVER無差別級王座戴冠などを経て、2017年4月9日、IWGP王者オカダ・カズチカに挑戦。激闘の末に敗れた試合後、病院に救急搬送されて急性硬膜下血腫と診断されて手術を受ける。そのまま長期欠場に入り、2018年3月に新設された新日本プロレス・ロサンゼルス道場のヘッドコーチに就任。後進の育成と自身のトレーニングに励む日々を送っている。2021年10月21日、『G1 CLIMAX 31』最終戦でザック・セイバーJr.と5分間のグラップリングルールによるスペシャルエキシビションマッチをおこなった。

バッファロー吾郎Aの

きむコロ列伝!!

Buffalo GoroA

第120回 プロレスクイズ2

バッファロー吾郎A

バッファロー吾郎A/本名・木村明浩（きむら・あきひろ）1970年11月24日生まれ/お笑いコンビ『バッファロー吾郎』のツッコミ担当/2008年『キング・オブ・コント』優勝

緊急事態宣言が解除され、徐々にだがいつもの生活に戻っていき、プロレス会場で選手に声援をおくれる日もそう遠くない気がする。そこで今回はプロレスクイズ第2弾！　全問正解できたらキミはプロレス博士だ！

Q．飯伏幸太選手のマイクといえば？

A　逃げない・負けない・諦めない・裏切らない！

B　やる気、元気、いわき！

※ヒント…衣装はピンクではありません。

Q．天龍さんの入場曲は？

A　サンダーストーム

B　はじめてのチュウ

※ヒント…初っ端に雷鳴が轟きます。

Q．川田利明さんの現役時代の異名は？

A　デンジャラスK

B　安全P

※ヒント…川田さんのイニシャルを考えるとおのずと答えが出るハズ。

Q．棚橋弘至選手の必殺技は？

A　ハイフライフロー

B　ハイッ、ハイッ、ハイ、ハイ、ハイッ！

※ヒント…レギュラーの西川くんは気絶しません。

Q．スタン・ハンセンの被っている帽子は？

A　テンガロンハット

B　早押しボタンを押すと「？」のマークが起きあがる『アメリカ横断ウルトラクイズ』のハット

※ヒント…ハンセンはプロレスラーとして何度もニューヨークに行っています。

Q.小島聡選手の叫び声といえば？

A　行っちゃうぞ、バカヤロー！

B　オメーらの気持ちはよぉ～くわかった！
恒例の、タカさ～ん、チェック！

※ヒント…意中の女性の前でお辞儀をしながら「お願いします」と言って右手を差し出しません。

Q.二代目タイガーマスクの正体は？

A　三沢光晴

B　東ちづる

※ヒント…得意技の名前に〝タイガー〟が入っています。

Q.平成維震軍の最終目標は？

A　新日本プロレス本隊をぶっ潰す。

B　子どもやお年寄りが安心して暮らせる町づくり。

※ヒント…反骨精神で立ち上げた軍団です。

Q.飯伏幸太選手は敵から挑発的な攻撃を喰らい続けるとどうなる？

A　「キレた」状態になる。

B　名もなき花になる。

※ヒント…その後も試合は続きます。

Q.ミル・マスカラスの『ミル』はどういう意味？

A　スペイン語で数字の千。

B　視覚を働かして、ものの形や存在、様子などをとらえること。

※ヒント…マスカラスの異名は『千の顔を持つ男』。

Q.冬木軍メンバーの共通点は？

A　冬木弘道、邪道、外道など名前に「道」が入っている。

B　しゃぶしゃぶはゴマだれ派。

※ヒント…クリス・ジェリコの当時の名前はライオン道でした。

Q.武藤敬司選手の弱点は？

A　ヒザに爆弾を抱えている。

B　ムーンサルトプレスの途中で屁が出る。

※ヒント…人工関節手術をしてまでも闘い続ける姿がカッコいい。

Q.長州力さんの名言は？

A　飛ぶぞ！

B　飛びます、飛びます！

※ヒント…隣に欽ちゃんはいません。

Q.蝶野正洋さんがリーダーのヒールユニット名は？

A　nWoジャパン

B　損保ジャパン

※ヒント…イメージカラーは黒。

正解は全部A。キミは何問正解できたかな？

みのる

MINORU SUZUKI UNITED STATES TOUR

9/5	AEW	シカゴ
9/8	AEW	シンシナティ
9/15	AEW	ニュージャージー
9/17	GCW	ロサンゼルス
9/22	AEW	ニューヨーク
9/24	GCW	ニューヨーク
9/25	NJPW	ダラス
9/26	NJPW	ダラス
9/30	ネットサイン会	ノースカロライナ
10/1	WrestleMax	セントルイス
10/2	PWX	ノースカロライナ
10/3	GloryProWres	セントルイス
10/5	ネットサイン会	ロサンゼルス
10/8	WCPW	サンフランシスコ
10/10	GCW	ニュージャージー
10/15	AEW	マイアミ
10/16	NJPW	フィラデルフィア
10/17	NJPW	フィラデルフィア
10/21	TimeBome Pro	ノースダコタ
10/22	BloodSport	ロサンゼルス
10/23	GCW	ロサンゼルス
10/24	Impact	ラスベガス
10/25	Impact	ラスベガス

鈴木みのるのふたり言［拡大版］

第101回 疾風怒濤2カ月間の全米ツアー踏破!!

地球1周半分となる総移動距離5万4000km。
鈴木はアメリカでなにを見たか。

鈴木みのる

思い出なんかいらないと思ってるし、
いっさいの興味を持たないようにしてる。
『次はこれがやりたい』『あれもやってみたい』と
次のことしか考えない。自分でチャンスを作って、
また次のチャンスを作る繰り返しだよ。
過去よりも次のことのほうがずっと大事だから

収録日：2021年11月8日
撮影：橋詰大地
試合写真：© 新日本プロレス
構成：堀江ガンツ

THE KING
NEW YORK
CHICAGO
DALLAS
LOS ANGELES

『なに、ここ⁉』みたいな知らないところにしか行ってないから凄く楽しい冒険ができたかな」

——今回の『鈴木みのるのふたり言』は、ひさしぶりにカメラマンを入れてみました。

鈴木　でもページはいつもと同じでしょ？　あの読みづらい色がグレーのページ。あれ、暗いところだと文字が読めないんだよ。部屋を明るくしないと（笑）。

——たしかに読みづらいかもしれない……（笑）。

鈴木　前は黄色いページだったけど、それは逆に光って見づらかったし。「俺の連載に普通のページはねえのかよ？」って感じなんだけど、内容がちょっとおもしろいからまあいいやって（笑）。

——今回はどんな色のページになるかはわかりませんが、がっつり増ページでやらせていただきますんで。なぜかと言うと、前回が「連載100回目」だったんですよ。

鈴木　前回かよ！（笑）。ぜんぜん普通にやっちゃったじゃん。

——ボクも『KAMINOGE』ができあがってから気づいたんですよ。「あれ、100回だったんだ⁉」って（笑）。というわけで今回は「101回目のふたり言」としておこなわせていただきます。

鈴木　『101回目のプロポーズ』みたいに言うなよ（笑）。古いねー。30年前だよ。

——あのドラマ、たしか1991年放送なんでリアルに30年前ですね。この歳になるとそんな昔に感じないんですけど（笑）。

鈴木　だって俺、プロレス何年やってるの？　33年とちょっと、34年目だからね。

——大変なことですね。でもキャリア34年目の選手が、初めて本格的にひとりで全米サーキットをして、それこそ全米を席巻したっていうのはプロレス界でも初でしょうね。

鈴木　まあ、初でもなんでもいいけどさ。凄く楽しい冒険ができたかな。知らないところにしか行ってないもん。「なに、ここ？」みたいな。会場もそうだし、対戦相手もそうだしね。リングの状態とかも試合までわざとリングに上がらずに、リングチェックもいっさいしない。リングに上がってから「うわっ、なんだこれ⁉　ロープ低っ！」とか。

——やっぱり各団体、リングの規格も含めてそれぞれ違いますか？

鈴木　基本的なフォーマットは一緒なんだろうけど、やっぱり違いはあるね。その中で自分ができることを試合中の発想でやっていった感じかな。

——渡米前、「冒険と挑戦」というテーマを掲げていましたけど、まさにその通りで。

鈴木　まさにその通りだね。ちょっとでも優遇されそうになったら「いいから」って言っちゃうもん。「メシとか困るだろ？」って言われても、「あっ、大丈夫。自分でなんとかするから」って。そこで誰かがやってくれたら自分でしなくなっちゃうから。

――冒険にならないわけですね。

鈴木　冒険にならない。

――たしかに海外ひとり旅ってそうですもんね。ホテルのフロントでの受け答えができただけで、自分のキャリアが少しアップしたみたいな（笑）。

鈴木　そうだね。だから耳がよくなったかな。最後のほうは英語でワーッとしゃべられても、なにを言ってるかがだいたいわかるようになってきた。なにを答えたらいいのかっていうのも。

――この体当たりで生きた言語を身につけていくっていうのも海外遠征の醍醐味ですよね。

鈴木　ただ、向こうの人間の誰に聞いても「日本語のほうが難しい」って言うね。文字だって英語は1個しかないけど、日本はひらかな、カタカナ、漢字と3種類もある。だから「日本人も慣れれば英語は簡単にできるよ」って。「世界中でこの言葉をたくさんの人間が使っているっていうことは簡単だってことだ」ってランス（・アーチャー）が言ってたよ（笑）。比較的簡単に誰でもしゃべられるようになるから広まったんじゃないかって。

――サッカーが世界中に広まったのと一緒ですかね。どこの国の人でも、見ただけでだいたいルールはわかるっていう。

鈴木　それこそサブウェイで注文するときに順番待ちしてるじゃん。それで前のヤツがどうやって注文しているのかっていうのをじっと見て、それを真似して、発音も真似してしゃべったりとか。「あっ、いままでのやつだと伝わらなかったんだな。これか！」と思って。おいしいところだけパクってね。

「鈴木みのるにとっての後ろ盾っていうのは〝日本のプロレス〟自体だね。そこにハッキリと気がついた」

――キャリア的に大ベテランな鈴木さんが、アメリカで新たな経験というか、自分をさらに成長させてくれるような小さな経験をたくさん積んだわけですよね。

鈴木　そんなことはどうでもいいんだけどね。俺がやりたいからアメリカに行っただけで、「いい経験ができたねえ」っていろんな人から言われるんだけど、「だからなんだよ」としか思わないんだよな。たとえば、ある日突然電話がかかってきて、「あさってマイアミに来れるか？　ブライアン・ダニエルソンと試合をしてくれ」って言われて、即答で「わかった、行く。飛行機のチケットを押さえてくれ」って。それで行ったときにみんなから「ビッグチャンスだね！」とかいろいろ言われたんだけど、まったくその感覚が俺にはないんだよね。アメリカでいい経験ができたねっていうのもまったくない。

――そうなんですか？

鈴木　なんでかって言うと、俺は「名もなき若手」じゃないから。俺に求められてるのは成果、結果。俺をブッキングしたことで客が入ったとか、高い評価の試合ができたとか、みんなが儲かったとか、それを求められて俺はアメリカに呼ばれてるんで。「いい経験」っていうのは「失敗も経験だね」っていう意味じゃん。そういうのが俺にはないからね。結果はかならず出さなきゃいけない。だから「いい試合でした」って言われて、「ヤッター！」っていう気持ちはない。せいぜいホッとするぐらいだよ。いい試合で当たり前。そのために俺は高いギャラをもらってるんだから。

――たしかに名もない日本人レスラーにチャンスを与えたわけじゃないですもんね。

鈴木　みんな「鈴木みのる」で商売をしようと思って呼んでいるわけだから。それは日本にいるときから一緒。フリーになってからはずっとそのつもりだね。俺に求められてるのは成果と結果であって、「今回はダメだった……」「がんばれ、次があるよ！」というのはない。いい試合じゃなかったら、次はもう「いらない人」になってしまうんで、そもそもがまったく違うね。

――そういう意味で今回の全米サーキットっていうのは、鈴木みのるの価値をあらためて世界に知らしめた本当の意味での「凱旋帰国」な気がします。

鈴木　新日本プロレスというのは、いまや世界でも指折り数える大きなプロモーションになったけど、そこの所属じゃなかったことが逆にプラスだったかなっていう気がするね。新日本のアメリカオフィスには、さまざまな形で協力はしてもらったけど、基本的に自力でやってきたから。向こうでメシすら奢ってもらってないよ。一度、ランスに昼メシを奢ってもらったくらいかな。あとはすべて向こうでの滞在費用からなにから自分なんで。

――いまは海外修行ができるようでできない時代ですから、なかなかそういうレスラーもいないですよね。

鈴木　アメリカで新日本の若手の何人かがロス道場に行っていて、『NJPW STRONG』に出たときに彼らの試合も観たんだけど、なんか楽しそうなんだよね。それは団体に守られている強みでもあるし、若い選手にとってはありがたい

KING
NEW YORK

ことだとは思う。だって無名の選手がひとりポーンと海外に出されてしまったら苦労するに決まってるじゃん。メシも食えない、ギャラも安いで。

――アメリカも昔のテリトリー制の時代と違いますからね。

鈴木　だから後ろ盾があるかないかっていうのは大きいんだろうなって思いますよ。そして鈴木みのるにとっての後ろ盾っていうのは、団体じゃなくて「日本のプロレス」自体だね。そこにハッキリと気がついた。ジャパンオリジナルのプロレスが俺にはあって、みんなはそれを求めている。

――アメリカやほかの国とは違う、日本独自のプロレスですね。「ストロングスタイル」というものを含めた。

鈴木　だって日本だけじゃない、こんなプロレスの進化の仕方をしているのは。昭和の新日本プロレスなんていうのは、世界でも特殊なプロレスだと思うけど、俺はそこにもいたからね。その後、新日本の道場が生んだＵＷＦにもいたし、武藤敬司、蝶野正洋といった闘魂三銃士ともやっている。三沢光晴、小橋建太ともやってるし、アントニオ猪木とも一騎打ちをしているからね。

――ここ30数年の日本のプロレスを網羅しているという。

鈴木　だから「あれっ、コイツは何歳なんだ?」みたいな。「オカダ・カズチカや内藤哲也ともこないだやってたよな?」ってね。だから俺の武器は34年のキャリアで日本のプロレスをひと通り通過してきたこと。それ自体が自分にとっての後ろ盾になっているのかなと。

――それはほかの日本人レスラーにもない唯一無二の経験ですもんね。

鈴木　ほかの人は知らんけどね。でもアメリカは楽しかったよ。試合をする、お金をもらう、寝る、メシを食う、移動をする。プロレスの根源的なことを繰り返してきて。「稼いでる」っていう充実感はあったかな。俺は成果が出なくても、試合があってもなくても給料が保証されているような裕福なポジションにはいないんで。ずっと日雇いのポジションなんで。

「もともとアメリカのプロレスに対する憧れがゼロだったのもよかったんじゃないかと思う」

――それこそが本来のプロレスラーですよね。

鈴木　ただ、あえてずっと緊張はしていたよ。まったく知らない人間の中にひとりで入っていくわけだから、試合でもなんでも、なにをされるかわからないからね。だから常に「緊張感を解いちゃいけない」っていう気持ちでいた。その中で俺が生きていくために身につけた〝新技〟は「バックステージでもずっとしかめっ面をしていること」。そうすると、まわりが気をつかってくれるんだよ（笑）。あともうひとつは「よけいなことは考えない」ってことだね。

——どういうことですか？

鈴木　ツアー中、忙しすぎてまったく寝られない日が4日くらい続いたんだよ。全部違うプロモーションで、場所もそれぞれ違うからさ。向こうは興行が20時くらいから始まって、俺の試合はメインだから22時とか、ヘタしたら24時開始。それで夜中にホテルに帰って、翌日は次の街に行くために朝8時、9時の飛行機に乗らなきゃいけない。そうすると6時には空港にいなきゃいけないから、逆算すると4時には起きなきゃいけない。もうホテルに着いた時点で「あれ、3時間後には出発しなきゃいけねえじゃん」ってことになる。

——まさに寝る間もないわけですね。

鈴木　それでどうするかって言ったら、ゆっくり風呂に入って、もしなにかあってもいいように荷物はすべてバッグに詰めておく。あとベッドで横になったら最後なんで、すべて着替え終えた状態で椅子に座って白目になるっていう（笑）。

——究極の仮眠ですね（笑）。

鈴木　それを何日も繰り返しているともうわけがわからなくなってくる。だけどそのための必殺技として「考えない」っていうのを身につけたんだよ。「疲れた」とか「身体が痛い」とか、ああでもこうでもないっていうのをいっさいなにも考えない。

——「寝ていないから調子が悪い」みたいなことを頭で思ったら、そうなっちゃうから。

鈴木　いっさいなにも考えない。さあ、今日は何をする。いまからミート&グリートをやる、サインをする、そのあと試合をする。じゃあ何時に着替えて、ストレッチをこのタイミングでやって、試合をやる、よし、今日もみんなぶっ飛ばしてやる、それで試合が終わる。それ以外のことはいっさい考えない。考えたのはカネの勘定をしているときくらいかな（笑）。

——そこだけは現実に戻るというか（笑）。

鈴木　アメリカでギャラが振り込まれて、それを日本で申告しなきゃいけないからね。そういう必要最低限のことや、プロレスをやるということ以外のことは考えないで過ごした。だから2カ月いたけど、思い出は積み重ねなかったし、振り返らなかった。あそこはこうだったな、あのときこうだったなとか、いっさいなにも考えてない。明日はどこだっけ、明日はシャーロットに行かなきゃ、それでシャーロットに行って試合が終わってホテルに帰ったら、ｉＰａｄを広げて予定表を見て「明日は何時の飛行機だから……」ってフロントに行って「シャトルバスは何時だ？」って「よし、明日はここに行こう」と。集中してプロレスだけをやってきたって感じ

だよね。

――まさにかつてのNWA世界王者みたいですね。

鈴木　この前、髙山（善廣）とテレビ電話でアメリカ遠征の話をしたとき、同じようなことを言ってたよ。「なにそれ、かっけー！　リック・フレアーみてえ！」って。だから「リック・フレアーじゃねえよ。ハーリー・レイスって呼んでくれよ」って言ったら、「かっけー！　ハーリー・レイス！」って。うれしそうに（笑）。

――昭和のプロレスファンは考えることが一緒ですね（笑）。

鈴木　俺の場合、もともとアメリカのプロレスに対する憧れがゼロだったのもよかったんじゃないかと思う。WWEが大好きとか、いまAEWに上がっている誰々に憧れていたとか、そういうのがいっさいないから。あったら、UWFにそもそも行ってないからね。

――そこもいまのレスラーの中では珍しいかもしれないですね。棚橋（弘至）さんなんかは、もともとWWEマニアですもんね。90年代のショーン・マイケルズとか。

鈴木　俺もショーン・マイケルズの名前ぐらいは知ってるけど、憧れみたいなものはない。だからアメリカで誰と会ってもちゃんと接することができたのかな。

――向こうの大物相手でも気後れすることがないわけですね。

鈴木　まったくないね。CMパンクが話しかけてきたときも「名前は聞いたことがあるな」ぐらいだし。あとはAEWの会場で「あれ、このおじさん、どっかで見たことがあるぞ。誰だっけ……？」と思ったら「へーイ、スズキ！　ひさしぶりだな！」って言われて、「忘れたのか？　ディーンだ」って。ディーン・マレンコだったんだよ。凄く昔に一度会っただけだから、「あっ！」ってなってね。もちろん、兄貴のジョーのほうはよく知ってるけど。

「日本のプロレスが世界一ってプライドを持つことは悪いことじゃないけど、そればっかりだと成長が止まっちゃう」

――ジョー・マレンコは藤原組に何度も来ましたもんね。ディーンのほうは風貌も変わりましたよね。

鈴木　歳を取ってジョーと似てきたかもしれないね。あと、いちばん笑ったのはディーロ・ブラウンに会ったんだよ。

――ディーロは全日本時代に一緒でしたよね。

鈴木　そうだね。RO&Dだね。それ以来だったから「おまえ、まだやってるのか！　いくつまでやるんだよ！」って言われてさ（笑）。「おまえもやればいいじゃん」って言ったら「もう身体じゅうが痛くて無理だよ。俺、年寄りだからさ」って言うから、「なに言ってんだよ。おまえ、俺よりも歳下じゃねえか」って。たぶん俺よりも4、5つ下だと思うんだよ。TAKA（みちのく）とかと一緒くらいのはずなんだよね。

――鈴木さんは奇跡の50代ですからね（笑）。

鈴木　だから向こうでもモテまくったよ。残念ながら女の子じゃなくて、身体のデカいおじさんたちにめちゃくちゃモテた（笑）。

――どこでモテたんですか!?（笑）。

鈴木　モテたっていうのは「俺はおまえと試合がしたい。どうやったら試合ができる?」「俺はおまえと試合をするのが夢なんだけど、今度対戦が決まったらやってくれるか?」とか、まあいろんなレスラーから言われたね。

――なるほど。その中には2カ月滞在した中で対戦が実現した大物もいるわけですよね。

鈴木　ブライアン（・ダニエルソン）とかね。AEWではいろいろ声をかけてもらったね。CMパンクもそうだし、ビッグショーとか、ダスティン・ローデスとか、みんな声をかけてくれたよ。「俺、試合をしたいんだけど」って言うから、「それならオーナーに言ってくれ。だったら俺はまた来るよ」って。

――これは来年も鈴木みのるのAEW再登場ありそうですね。

鈴木　今回、俺とのあいだに入って話をしたのが中澤マイケルで、「またAEWから話が行くと思うので、よろしくお願いします」って言われたから「またいつでも呼んでよ」って言っておいたよ。

――これからは海外のほうが忙しくなっちゃうんじゃないですか?

鈴木　海外のほうがというよりも、稼げるところで稼ぎに行ってるだけなんで。それはいつもそうだよ。今回はきっかけがあってアメリカに行ったというだけで、ニーズがあれば国内も国外も関係ない。すでにヨーロッパでいままで出たことがない団体からもいくつも話が来てるからね。「ヨーロッパツアーをやらないか?」みたいな感じで。それはそれで国によって言葉もすべて違うし、大変だなって思いながらも（笑）。

――欧州ツアーなんて、70年代のアントニオ猪木っぽいですね（笑）。

鈴木　海外に行くなら1~2試合じゃつまらないじゃん。1カ月から3カ月、なんなら半年くらい行って、いろんなところでいろんなヤツとやりたいね。俺自身はどこの国に行ってもスタイルは変わらず、オラオラやって、相手をぶっ飛ばすだけだけど（笑）。

――来年は全米ツアーからワールドツアーに変わるかもしれないですね。

THE KING
NEW YORK
DALLAS

鈴木　かもね。だけど日本だけでプロレスをやっているレスラーは、世界に出るとかって特殊なことに思うかもしれないけど、アメリカに住んでいるアメリカのレスラーは、当たり前のようにアメリカ国内を飛行機で飛び回っているし、日本やほかの国にも行ってるんだよね。（ウィル・）オスプレイとかもともとイギリスだけど、日本やアメリカを飛び回ってるし。ザック（・セイバーJr.）もそうだよね。ザックはアメリカと言わず世界中のインディーを飛び回ってるし、これが普通なんだなって。

――ほかの国のトップレスラーは、みんな〝世界〟を相手に闘っているわけですね。

鈴木　日本でしかプロレスを観ていない人は「日本のプロレスが最高！　世界一！」って思っている。たしかにプロレスの質は世界でも1、2を争う位置には間違いなくいると思う。それくらい高い水準の試合をやっているんだけど、それは新日本に限らずほかの団体の人もやってるから、それぞれお呼びがかかるわけじゃん。

――AEWなんか、日本のいろんな団体から選手が行ってますもんね。

鈴木　レスラー側で「日本のプロレスは世界一なんだ！」ってプライドを持つことはべつに悪いことじゃないと思うけど、そればっかりだと成長が止まっちゃうんじゃないかな。俺はいまだに言うよ。「全盛期は？」って聞かれたら、「いや、これから来るんで」って。

「俺は古くなったバージョンを大事に取っておかないから。その都度、捨てるんだよ」

――実際、これからさらに稼ぎは上がっていく気がしますよ。プロ＝お金という意味で言ったら本当にこれからですよね。

鈴木　そうだね。

――おそらく日本のプロレスも今後はどんどんグローバルになっていくのは間違いないと思うんですよ。日本人だけじゃなく、世界のお客が相手になっていく。

鈴木　この感染症拡大が落ち着けば、海外からもどんどん人が入ってくると思うし。いまやネット配信動画によって、日本のプロレスを世界中の人が知ったっていうのは大きいよね。俺としては仕事場が増えることはいいことだから。具体的なオファーがあるわけじゃないけど、メキシコ人からもやたらメッセージが来るね。「メキシコに来てくれ！」って。

――それはファンですか？

鈴木　ファンだね。レスラーでも俺のファンが多いんだよ。だってルーシュの兄弟がいるじゃん。あれらなんかみんな鈴木みのるファンだからね（笑）。

——ミスティコもドラゴン・リーも（笑）。コロナが収まって、アレナ・メヒコで普通に興行ができるようになったら、メキシコツアーもあるかもしれないですね。

鈴木　でも、どこに行っても俺は変わらないよ。それで嫌なら呼ばなきゃいいんだもん。俺が向こうに合わせるなら、俺じゃなくてもいい。俺みたいなヤツが行けばいいんであって。それは日本でも同じだよね。新日本だろうがほかの団体だろうが、俺にしかできない、俺だからこそっていう試合をやっていければと思ってる。

——鈴木さんにはいろんなオファーがあると思いますけど、いま「新日本が主戦場」っていう意識はありますか？

鈴木　あるよ。

——ただ、その主戦場でのマッチメイキングが、正直言ってファンも納得がいかないようなものが続いていて。鈴木さん自身、そういう鬱憤もたまっているんじゃないですか？

鈴木　いや、その原因は俺自身の中から探し出して、ちゃんと見つかってるんで。「原因は俺なんだな」って。

——今回の全米サーキットはその原因の解消には……。

鈴木　解消ではないな。新たな上乗せだね。新しいステータスを少しでも作れたらっていう感じだね。

——かねてから鈴木さんはＩＷＧＰのベルト奪取の話をずっとされているじゃないですか。今回のアメリカツアーは、その挑戦権を得るためのひとつの方法論でもありますか？

鈴木　かどうかは知らないけどね。

——結果的にそうなるかもしれないですよね。

鈴木　それはわかんないよ。べつにそうだと思ってアメリカに行ってはいない。さっき言ったマッチメイクの件に関しても、ここところがいけないんだな、俺はこれがダメなんだな、これができてないんだな、じゃあそれを上乗せしましょう、上書きしましょう、アップデートしましょう、ということは常にやっていることなので。その舞台がアメリカだっただけであって。

——第一線に居続けるということは、アップデートの繰り返しなわけですね。

鈴木　そうだね。俺は古くなったバージョンを大事に取っておかないから。その都度、捨てるんだよ。言葉にしたら簡単だけど、俺は思い出なんかいらないと思ってる。いっさいの興味を持たないようにしてる。昔話、懐かしい思い出はまったくいらないね。「次になにしよう」としか考えない。だからアメリカから帰ってきたばかりだけど、「次はこれがやりたい」「これもやってみたい」とか次のことしか考えてないから。

——新たな欲も出てきたんじゃないですか？

鈴木　もちろんそれはあるけど。ちなみにＩＷＧＰだってな

NJPW Collection
NEW JAPAN PRO-WRESTLING

にひとつあきらめてないからね。なんなら道を歩いてるオカダの足を俺がつまづかせてケガさせて、「ごめんね！」って俺が横取りしてやろうぐらいの気持ちでいるから。

――権利証を横取り（笑）。

鈴木　俺の場合、チャンスを自分で作って試合をして、それが終わったらどんな結果であろうと次のチャンスをまた自分で作る。延々とそれを繰り返さなきゃいけないんで。いちいち過去を振り返って、思い出に浸っている時間なんかないよ。まったくない。逆に20年くらい前だったらそれはあったよ。「UWFのときはこうだったよな～」「藤原組のときはこうだったよな～」「パンクラスでさ～」とか。でも、いまはもうなんにもないよ。次のことのほうがずっと大事だから。

「やっぱり自分の好きなことをやって、チャレンジし続けたほうが人生楽しい。ザマーミロって」

――フリーは未来を作り出し続けなきゃいけないわけですもんね。

鈴木　いまの話とはまったく違うけど、おもしろい話を思い出した。ブライアン・ダニエルソンと試合をするのにマイアミの会場に行って、自分のテーマ曲が鳴ってリングに上がり、パッと客席を見た瞬間に思い出したんだよ。

――なにをですか？

鈴木　「あれ、俺、ここ来たことがあるぞ……」と思って、「藤原組で来たところじゃん！」と思って。

――ああ、バート・ベイルが主催した、藤原組のマイアミ大会ですね！

鈴木　そうそう。あのときと同じ場所だったよ。

――バート・ベイルもデカい会場を押さえたんですね。

鈴木　たぶんマイアミはそこしかないんじゃないの。それをリング上で思い出したんだよ。

――藤原組だからちょうど30年ぶりくらいですよね。

鈴木　でも「あっ、ここは昔来たところだ」と思ったのは、その一瞬で終わってるから。そこに意味なんかないし、ただそれを思い出したっていうだけの話であってね。何度も言うけど、俺は次を見ているから。

――来年、また新たな展開がありそうで楽しみですね。

鈴木　もうすでに来年の話をいくつかもらってるんで。ただ、1試合、2試合のオファーじゃ動けないから、まとまればまた行くよ。向こうからも言われてるんだよ。「次はもうちょっと長く来てくれ」って。「なんで?」って聞いたら、「いっぱい使いたい」と。こっちもいっぱい出れば出たぶんだけカネが入ってくるからね。俺は海外で試合がしたくて行ってるんじゃなくて、お金を稼ぐために行ってるんで。コロナ禍で、国内の試合が少なくなっている中での出稼ぎだよ。2カ月間の海外なんて、マグロ漁船に乗るようなもんだよ（笑）。

――遠洋漁業ですね。ごっそり獲って帰ってくるという（笑）。

鈴木　向こうでそんなに稼げなかったら、もう行くつもりなかったんで。でも今回はこれでもかってくらいに仕事が入ってきたんで、「これなら根性を決めて、ひとりで飛び込んでみる価値があるな」っていう額は稼げたからね。

――大漁旗を振って帰ってきたような感じですね（笑）。

鈴木　大漁だったよ（笑）。だからまた行きたいね。オーストラリアのプロモーターからも連絡をもらって、「ほかのプロモーションにも声をかけるから、1カ月くらいオーストラリアじゅうを回れないか？」って言われてるんだよ。「考えておきます。スケジュールが合えば」って答えたら、向こうはいい条件をいっぱい乗っけてくるわけよ（笑）。

――いや～、いろいろといい方向に転がり始めてますね。

鈴木　だからひとつの考えに凝り固まらず、新しいことにどんどんチャレンジしていかなきゃダメだね。「これでいいんだ」って思ったら終わっちゃう。「なにかもっとほかにねえかな？」って思ったほうが成長し続けられるから。

――そうですね。歩みを止めないことですよね。

鈴木　WWEに行った選手たちもみんながんばってるじゃん。今回のアメリカツアーでは紫雷イオとは会ったけど、ほかの選手には会えなかったんだけどさ。AEWに来ている選手も含めて、海外に出ている選手はみんなたくましいわ。そうすると俺もメラメラ燃えてくるんだよ。「こんなヤツらに俺が負けてたまるか！」って。

――異国の生存競争の中にいる人たちですもんね。

鈴木　そうだね。イオに会ったのもたぶん5年ぶりくらいじゃないかな。だいぶ変わっていてびっくりしたよ。「おまえ、いろんな意味で成長したな」って（笑）。

――デカくなってますもんね（笑）。

鈴木　そう。パッとうしろ姿を見たらデカくてさ、「おまえ、背中すげえな！」って言ったら「練習してますから～」って。たくましかったよ。

――大物っぽい雰囲気にもなっていますよね。

鈴木　イオの向こうでのプロレスは全然観てないんだけど、がんばってることと成長したことは、容易に想像できたよ。やっぱり自分の好きなことをやって、チャレンジし続けたほうが人生楽しい。俺がこれだけ自由にやってることが気に入らないアンチは、SNSでいちいちギャーギャー言ってくるけど、ザマーミロって。俺は楽しく自分の人生を生きているし、これからもそうしていくからさ。

鈴木みのる（すずき・みのる）
1968年6月17日生まれ、神奈川県横浜市出身。プロレスラー。
高校時代、レスリングで国体2位の実績を積み1987年3月に新日本プロレスに入門。1988年6月23日、飯塚孝之戦でデビュー。その後、船木誠勝とともにUWFに移籍し、UWF解散後はプロフェッショナルレスリング藤原組を経て1993年にパンクラスを旗揚げ。第2代キング・オブ・パンクラシストに君臨するなど活躍。2003年6月より古巣の新日本に参戦してプロレス復帰、以降ノア、全日本などあらゆる団体で暴れまわり、現在は鈴木軍のボスとして新日本を主戦場としている。2021年9月・10月の2か月間、単身で全米ツアーを回り、さまざまなプロモーションで試合をおこなった。

プロレスがわかれば世の中が、
そして世界が見えてくる。

斎藤文彦×プチ鹿島

活字と映像の隙間から考察する

プロレス社会学のススメ

撮影：タイコウクニヨシ　司会・構成：堀江ガンツ

第20回

プロレスのダイバーシティ

現代社会に求められている〝多様性〟（ダイバーシティ）。

社会的な文脈での〝多様性〟とは、文化、アイデア、価値観、働き方、ライフスタイルであったり、性別、年齢、国籍などだったりする。

しかし、これってプロレスの世界にはとっくに存在していたものではないか！

「プロレスは社会の動きと連動していると思うし、ボクらはなんでもプロレス的な理解と解釈に置き換えて物事を見るクセがある」（斎藤）

——昨今、多様性への寛容が叫ばれる世の中ですけど、プロレスこそが多様性を持ったジャンルな気がするんですよ。特に90年代に入って多団体時代を迎えたのは、その先がけかなと。

鹿島　そうですよね。インディー団体が次々と生まれて、FMWやW★INGのデスマッチ路線や女子プロレスブームなど、いろんなプロレスが花開いて。

——ただ、それは90年代になってからの話で、それ以前は不寛容なジャンルでもあったかなと。「こんなのはプロレスじゃない！」みたいなことがよく言われたじゃないですか。

鹿島　そうでしたね。まず、「馬場、猪木、どっちが好き?」っていうそこの論争があって。やっぱり猪木ファンは「馬場はこんなことをやってるからダメなんだ！」っていう感じで馬場プロレスを認めていなかったり。

斎藤　一方で馬場ファンは「猪木のプロレスは亜流だ」と否定するむきもあったりしました。

鹿島　それこそアメリカとソ連の対立みたいな感じで、ファンも巻き込んだ冷戦状態にあったりもしましたよね。その時代が落ち着いて、世の中も米ソ冷戦が終わってからいろんな価値観というか、多種多様な国の価値観が認められるようになった気がし

ます。

——ちょうど冷戦の終結と同じ時期に、新日本と全日本の冷戦も終わって、そこから多団体時代を迎えましたよね。

斎藤　東西冷戦の象徴であったベルリンの壁が崩壊したのは1989年（平成元年）11月でしたが、そのすぐあとに〝プロレス界のベルリンの壁〟も崩壊したんですね。猪木さんが国会議員になり、坂口（征二）さんが引退して新社長に就任して。猪木さんが新日本の現場からいなくなった途端、馬場・坂口会談が実現しました。

——新日本の1990年2・10東京ドーム大会の目玉だったリック・フレアーの来日が土壇場で中止になったことで、坂口さんが馬場さんに全日本の選手貸し出しを願い出たんですよね。

斎藤　あのとき、猪木さんが社長でトップだったらまずそういう流れにはなっていなかったと思います。

鹿島　意地でも自力で開催していたでしょうね。

斎藤　坂口さんの友好的なスタンスだからこそ馬場さんにお願いができて、そうしたら馬場さんも「じゃあ、おまえの社長就任祝いだ」みたいな感じで、ジャンボ（鶴田）さん、天龍（源一郎）さんらを貸し出した。そうして全日本の選手が新日本のリングに初めて上がるという、歴史的なことが実現したわけです。

鹿島　あれはまさにプロレス界のベルリンの壁が崩壊した瞬間でしたよね。だからボクは「ベルリンの壁崩壊」って実際のドイツの話よりもこっちのイメージのほうが強いですから。歴史をプロレス界の出来事で覚えていますよ（笑）。世界で起こったことと同じ時期に、同じようなことがプロレス界でも起こるというのは本当におもしろいですよね。

斎藤　プロレスファンが見ている世界と、現実の世界・社会って、ちゃんとつながっているんだと思います。

鹿島　地続きですよね。

斎藤　プロレスだけが世の中の動きから独立して生息しているわけじゃなくて、「世界の中にあるプロレス」とその位置づけですね。ボクは本当にそう思っています。むしろ他のジャンル以上にプロレスは社会の動きと連動していると思うし、ボクらはプロレスをずっと見てきたから、なんでもプロレス的な理解と解釈に置き換えて物事を見るクセのようなものがあったりする。

——それがプロレスファンの性（さが）ですよね（笑）。

鹿島　そしてプロレスが多様化していった背景には、まず猪木さんの思想をどんどん先鋭化していったUWFが誕生して。その後、それに対抗するかのように大仁田（厚）さんのFMWという、まったく逆の価値観が出てきて。

——馬場ー猪木の対立以上にかけ離れた価値観の2団体が生まれたことで、プロレスの幅が一気に広がりましたよね。

鹿島　おもしろいことに、ボクらも含めたあの頃のプロレスファンは、UWFを観た翌日にFMWを観たりしていたんですよ。

斎藤　価値観がまったく違うものであったにもかかわらず、そこにあまり違和感はなかった。

――ボクは大学時代、W★INGの釘板デスマッチとUインターの両国大会を同じ日にハシゴしたことがありましたから（笑）。

鹿島　あったな～（笑）。たしか東スポでは、釘板のほうが1面を取った気がします。

斎藤　Uインターのカードはなんでした？

――髙田延彦がデュアン・カズラスキーと佐野直喜との2連戦をやった日ですね。

鹿島　ボクはその日、大阪からわざわざUインターを観に行ってました。

斎藤　当時、UWFが3派に分裂して、それぞれが異なる特色を出していた時期でもありましたね。

「後楽園ホールの階段の落書きは文化遺産として絶対に残すべき。ネット時代以前の最初の掲示板ですから」（鹿島）

――UWFもまた多様化したという。

鹿島　その中でUインターのファンは元・新日本ファンが多かった気がします。当時の新日本は、闘魂三銃士や馳浩なんかが中心となって明るく楽しい雰囲気で人気がありましたけど、それに対して「これでいいのか！」みたいな人がUインターに行ったような。

――猪木原理主義者が、平成の新日本に違和感を抱き始めた頃ですもんね。

鹿島　その層をUインターがごっそり持っていった。先日の自民党総裁選での高市早苗人気みたいなもんですよ（笑）。

――猪木イズムの極右勢力（笑）。

鹿島　Uインターのうしろに猪木さんの幻影を求めていたので、みんなが熱狂していましたね。

――宮戸さんはルックスからして右翼青年みたいな感じがあったし（笑）。

鹿島　当時のUインターは、いまのSNSでいう煽りとか、もっと言えば炎上商法が上手でしたね。

――当時、多団体時代ながら最大のメジャー団体は新日本プロレス。それはいまのプロレス界の状況と同じように見えますけど、いちばんの違いは、いま以上に新日本の力が強かったにもかかわらず、週プロの表紙はいろんな団体の選手が飾っていたんですよね。

斎藤　大仁田厚をはじめ、ザ・グレート・サスケらインディー団体のレスラー、というかその週ごとに輝いたスター。外国人レスラーも女子プロレスラーも表紙になっていました。

鹿島　読者が次号の表紙を飾るレスラーを想像したり、ファンの側が「おっ、表紙を取ったのか！」って、そこに価値観を見出していた時代でしたよね。ちゃんと論評が成立していて、週プロの論評、リポートが読みたいから逆に試合を観に行くみたいな。いまも「この人の論評を読みたいから観る」みたいなことは、特に映画なんかでありますけど、そういう高尚な遊びをボクは90年代前半の週プロから学びましたね。自分が観た感じと、ターザン山本さんの論評を比べてみて、「ああ、やっぱりこの切り口でくるのか」とか、みんなやっていましたから。

――インターネットがまだないと言っていい時代でしたから、よけいに専門誌が果たす役割は大きかったですよね。

鹿島　逆に自分の意見が言いたいのに言う

機会がないから悶々としたものがあって、週プロがSWSバッシングをしていたときもFAXで大量の抗議みたいな方法で意見を言っていましたよ（笑）。

——あとは後楽園ホールの階段に落書きするくらいですからね（笑）。

鹿島　あれはネットの掲示板の役割を果たしていました。

——元祖2ちゃんねるっていう（笑）。

鹿島　後楽園ホールの階段の落書きは、文化遺産として絶対に残すべきですよ。ネット時代以前の最初の掲示板ですから。

斎藤　あの落書きは消されたものもあるけれど、ある程度はいまでも残っています。

鹿島　誰かに何か言いたい、発信したいっていう気持ちがあっても、知り合いならともかく、同じ趣味の人と簡単に繋がれる場が当時はなかったので貴重でしたよ。

斎藤　ネット社会初期に〝板〟と呼ばれた掲示板的な世界観があって、そのあとに世界的なスケールでSNSが普及した。誰もが情報というか主張を発信して当たり前の時代になってから、もう10数年が経ちましたね。

鹿島　だから90年代前半のあの頃って、ネット時代直前の絶妙な時代だったと思います。

——不思議なのは、いまもたくさんプロレス団体がありますけど、みんなそれぞれの「団体のファン」が中心で、昔みたいに新日本も全日本も観るし、U系もデスマッチも女子プロも観る、みたいなファンがあまりいないんですよね。

鹿島　そこの横断がないんですね。

斎藤　いまは男子は新日本、女子はスターダムが一極集中的なメジャー団体で、ほかに小さな団体がたくさんあるような状況になっていますね。これもまた、ますます経済的格差が広がる社会を反映していると感じます。大きいもの、強いものはさらに大きく強くなっていくし、小さいものはさらに小さくなっていく傾向がクッキリと出ていることはたしかなんです。

——ただ、ひとつの団体の力が強くなりすぎると、多様性からは遠ざかる気がするんですよ。強き者が作る歴史観が絶対に正しいみたいなことになる懸念もあって。

鹿島　安倍一強みたいな感じですよね。

——あとはいまのファンと、90年代ぐらいまでを知っているファンの間で、プロレス観の断絶もある気がします。猪木さんの現役時代を知っているか知らないか、ということでもあるのかもしれないですけど。

斎藤　いま40歳になりつつあるプロレスファンが1981年生まれだったりするわけです。そうすると彼らが生まれたときから、猪木さんは全盛期でさえない。だから「歴史を勉強する」と言うと堅苦しい言い方になってしまうけれど、過去に本当に凄い試合があって、凄いレスラーがいたことを知って、その映像くらいはちゃんと観てほしいと思うんです。

「情報はできるだけスピーディーに効率的に集めたいから、ファストムービーであらすじだけ知ってわかったつもりになる」（斎藤）

——アントニオ猪木、ジャイアント馬場、ジャンボ鶴田、三沢光晴といった過去の偉大なレスラーの評価というのも、聞きかじったことを鵜呑みにした価値観で受け入れてしまう人が、ネットなんかだとけっこう見受けられるじゃないですか。

鹿島　情報が多すぎて、逆にまとめサイトだけで知ったつもりになってるっていう。

斎藤　いま、新着映画のあらすじ動画が多数YouTubeにアップされて問題になったりしていますよね。そういう発想が現在のプロレスにもあります。

鹿島　ファストムービーですね。要約だけを知りたい、みたいな。

斎藤　〝いまの若者〟って言うと凄く嫌な言い方になっちゃうけど、いわゆるネット育ち世代はおそらく2時間の映画を観る注意力と集中力がなくて、情報はできるだけスピーディーに効率的に集めたい。だからファストムービーで済ませたりしているわけでしょ。

鹿島　あれもおもしろいですよね。ファストムービーがどうして需要があるのかと言えば、「観てない」「知らない」って言うのが怖いっていうことなんでしょうね。

斎藤　あらすじだけ知ってわかったつもりになる。

鹿島　でも、あらすじを知ったところで何がわかるんだって、ボクなんかは思っちゃうんですけど。映画なんて2時間観て、つまらなかったら逆に語れるじゃないですか。でも、そういう時間も「無駄」と感じるから嫌なんでしょうね。

斎藤　映画館では一度もポーズ（一時停止ボタン）を押せないから、集中して2時間の作品をフルで観るしかない。それがいいんですよね。

――だいたい「アントニオ猪木」なんて、〝要約〟だけでわかるわけないじゃないですか。

鹿島　そうなんですよ。30年、40年の時が経つと「昭和の新日はよかった」みたいな感じになるけど、当時、リアルタイムでみんながどれだけ猪木さんに対して怒っていたか忘れているんですよ。

――何度も暴動が起きているわけですからね（笑）。

鹿島　「この仕掛けはなんだよ！」とか「猪木なんかもう絶対に観ない！」とか散々怒っていて。

斎藤　ある時期の猪木さんに対する昭和のプロレス者の怒りって本当に凄かった。海賊男のときもそうだし、たけしプロレス軍団のときもそう。新旧世代闘争のとき、旧世代のナウリーダー軍になぜか若手だったスペースローンウルフの武藤敬司を入れたりしたときのブーイングも凄かった。

鹿島　でも、その怒りの一方で、猪木さんが凄い試合を見せてくれると、「ああ、やっぱり猪木は最高だ。ありがとう！」みたいになる。

――観る側の感情の起伏こそが猪木プロレスだと思いますけど、それは要約されただけじゃわからない。

鹿島　だから8・8横浜の藤波戦みたいな名勝負だけを観て「猪木は凄い」と語ってしまったり、逆に海賊男乱入なんかだけを観て「猪木は最低だ」と断じてしまうようなのが、ファストムービー的なことですよね。だからやっぱり、映画はフルで1本観なきゃいけないんですよ。

斎藤　プロレスだってフルでちゃんと観な

きゃダメですよ。
――繰り返しで観たっていいですよね。
斎藤　ボクも好きな試合は何度も何度も観ますね。
鹿島　知らないことは「知らない」って言うほうが、ボクはむしろ清々しいと思うんですよ。でも「これはちゃんと観てないんで知らないんです」って言うのが怖いから、ちょっと検索して、まとめサイトみたいなものでわかった気になってしまう。
――「わかった気」になるから、自分がそこまで知らないということを理解していなかったりするんですよね。検索して要約を読んだだけで「はい、これはもうオッケー。こういうものなんでしょ」っていう。
斎藤　でも、それでは本当に理解したことにはならない。
鹿島　その要約が間違っていたらどうするんだってことですよね。
――観たこともないのに、ネットで知ったつもりになってる最たるもののひとつが、小人プロレス（ミゼットプロレス）だと思うんですよ。
斎藤　そのお話はこの機会に整理整頓しましょう。全日本女子プロレスが完全に活動停止し、消滅してから、すでに15年以上経っていますからね。いまでは全女を生で観たことがある人も少ないでしょう。
――だから、たとえばツイッターなんかで「小人プロレスは人権団体に潰された」っていう事実誤認のデマが繰り返し投稿され続けているんですよね。
斎藤　それが理由で潰されたわけではない。でも、そうだと思い込んでいる人たちが一定数いるっていうことですね。
鹿島　それが定説になって、信じちゃう人もいると。
――いるんです。しかも文面から察するに、その人たちは小人プロレスを観たことがないし、ジャンル自体には興味もなさそうなのに「人権団体に潰された」という〝説〟に飛びついているんですよ。
鹿島　これって陰謀論がなぜ広まるのかっていうのと同じで、そういう解釈を出されるとわかりやすいからなんですよね。自分で調べなくても「それが答えだ」っていう感じで。

「小人プロレスの歴史の改ざんは『人権団体というのは正義ばかり言っているけど偽善でしかないんだ』と言いたいがため」（鹿島）

斎藤　つまりミゼットプロレスは、「見世

物として差別的であると人権団体から突っ込まれて絶滅した」っていうストーリーになっているわけですね。

――そういうことですね。要は「人権団体がいけないんだ」という結論ありきなんです。

鹿島　最初にバイアスがあるわけですね。

斎藤　小人プロレスに関しては、90年代にフジテレビで放送された『ミゼットプロレス伝説』というドキュメンタリー番組が、今度DVD化されるんです。

鹿島　森達也さんが撮ったやつですね。

斎藤　フジテレビから許諾を得てDVD化できるということは、そもそも映像的に小人プロレスのミゼットさんたちを公に出してはいけないっていうコンセンサスとやらは誤報ということですからね。小人プロレスの選手たちは、そもそも自分たちを差別的な見世物だなんて思っていない。

――それなのになぜ、「人権団体に潰された」というデマが簡単に信じられるかというと、陰謀論と同様に「本当のこと」がまぶされてるからなんですよ。たとえばドリフの『8時だョ!全員集合』にミスター・ポーンが出演していて、1クール（3カ月）出るはずが視聴者からの抗議もひとつの理由となって数週間で降板したことは事実なんです。

斎藤　それがミゼットプロレス自体がなくなってしまった原因っていう話になっているわけ？

――一緒くたにして、そういう話になっているんです。

鹿島　まさに〝改ざん〟ですよね。

――「かつては『8時だョ!全員集合』を始めとしたゴールデンタイムの番組に出演したことがある」という事実が、「小人プロレスがゴールデンタイムで放送されていたけど、抗議で潰された」に改ざんされて、「彼らは人権団体に職を奪われた」という物語になっているわけですよ。

鹿島　なんでそこをピックアップしてことさらに言うかと言えば、「人権団体というのは正義ばかり言ってるけど、偽善でしかないんだ」と言いたい思惑も感じられる。『弱者救済』なんて言ってるけどインチキ臭い！」という攻撃ですよね。

斎藤　なるほど。そういう発想に変換されていくわけですね。

――小人プロレスはそのためのダシに使われているだけなんです。

鹿島　本来「人権団体によって小人プロレスは潰された」みたいなことを言うなら、その歴史をちゃんと勉強して、議論もできるように調べなきゃいけないと思いますけど、陰謀論に乗っかる人たちというのはわかりやすいものをポンと出されると勉強しなくてもいいんですよ。それにすがってしまえば。「あっ、こういうことなんだね。はい、わかった！」っていう。

斎藤　いろいろな事実の積み重ねや、もっと複雑な過程を全部すっ飛ばして「人権団体によって小人プロレスは消滅した」ということになってしまっているわけですね。

鹿島　小人プロレスが衰退した理由は、そんな理由じゃないですよね？

斎藤　まったく違います。もともと全日本女子プロレスの前座でおこわれていた小人プロレスの最盛期は70年代で、その頃は選手も6～7人いたんです。

――だから6人タッグが組めて、目まぐるしい攻防ができたんですよね。

斎藤　それが選手たちの高齢化や、体調面の問題などでリングに上がれる人が減っていって、新しいなり手というか新人がなかなかいなかったんですね。

鹿島　クラッシュ・ギャルズのブームで、女子中高生のファンが中心になったことで、ニーズにも合わなくなっていたんでしょうね。それまでは地方興行で赤ら顔のおじさんや、おじいちゃん、おばあちゃんにウケていたのが。

斎藤　でも全日本女子プロレスは、クラッシュブーム最盛期でも小人プロレスをなくすことはなかったし、選手を辞めさせてもいない。

「情報を極端に簡略化してわかりやすいストーリーにしたところでまったく本質を捉えることはできない」（斎藤）

――引退した選手たちを、秩父に作ったレジャー&宿泊施設「リングスター・フィールド」で働かせていたんですよね。

斎藤　そうです。素晴らしい話ですよ。ケガをして足が少し不自由になったり、白内障で目が見えなくなったりとか、基礎疾患がある元選手たちを管理人として秩父に住まわせて雇用していたわけです。

鹿島　「職を奪った」どころか引退後の働き口まで用意していたという。

斎藤　90年代当時現役のミスター・ブッタマン、角掛留造らも全女の本社ビル3階の寮に住んでいました。

――だから70年代末ぐらいは人数も6人くらいいて、毎日そのメンバーで試合をしていたから攻防が練り上げられていてレベルが高かったんですよね。要は四天王プロレスみたいなものですよ。

鹿島　それはわかりやすい。

――だけど80年代半ばのクラッシュの時代には、全盛期の選手のほとんどは引退して、またニーズも減ってしまった。そうなると新しいなり手もいなくて、90年代もリトル・フランキー、ミスター・ブッタマン、角掛留造で細々と続けていたけれど、全女が倒産してついに定期的に試合する場所がなくなってしまったという。

鹿島　だから結局、陰謀論ですよね。小人プロレスが衰退したのはまったく違う理由なのに、衰退したこと自体は事実だから「人権団体の抗議で弾かれたに違いない」っていう。

――先日、『こびとプロレス再生プロジェクト』っていうクラウドファンディングがおこなわれたんですよ。それ自体は、小人プロレスを次世代に残すための活動ってことでいいことだと思うんですけど。それについて、フジテレビ系のFNNプライムオンラインというサイトで掲載された「身長141センチのプロレスラー、プリティ太田が語る『こびとプロレス再生は俺の運命』」という記事が、残念ながらその陰謀論を元に書かれちゃっているんです。

鹿島　間違った定説をまた再生産して、拡散しちゃっているってことですよね。

斎藤　どうしてそんなに勉強不足なんでしょう。それを書くライターのレベルが低いと言わざるをえない。プロレスに詳しくないにしても、ジャーナリストならそれぐらいはちゃんと複数の文献を読んで、もっと調べてから記事にしないと。

鹿島　そうですよね。「これ、本当なの?」って、いったん立ち止まって調べるということが機能していないっていう。

――その記事っていうのが、これなんですけど（スマホでWEB記事を見せる）。

斎藤　この「1980年代までゴールデンタイムでお茶の間を沸かせた『こびとプロレス』」って、書き出しの部分がすでに誤りです。

――そうなんですよ。記事の大前提がすでに間違っているんです。全女の会場は沸かせていたけど、小人プロレスの番組がゴールデンタイムで放送されてはいませんよね。

斎藤　それで最初の文章に続く2行目は「しかし『障がい者を笑いものにするな』という世間の〝良識〟の声に、テレビが自主規制に乗り出したことでこびとたちは画面からあっという間に姿を消していった」って、これは現代版に加工されたバージョンのストーリーですね。この程度の認識なんですか。

――まさにネットで流布された、間違った定説にそのまま乗っかっているんです。

斎藤　しかも、執筆はフジテレビ解説委員って。こんな地位のある方がこの程度のことを書き飛ばすんですか?

鹿島　フジテレビなんて、長年『全日本女子プロレス中継』を放送していたんだから、ちょっと調べたらわかるはずなのに。

――記事の趣旨は多様性を重んじる社会やマイノリティへの理解促進で、それはいいんですけど。大前提の事実関係が間違っているから困っちゃうんですよ。

斎藤　時代と共にコンプライアンスやポリティカル・コレクトネスが最重要事項になったことは確かだし、もちろん「障がい者を笑いものにするな」という姿勢、発想自体が間違っているわけではない。だけど人権団体がどうたらとか、見せかけのヒューマニズムによってテレビから消されたとか、その程度のロジックではまったく本質を捉えることはできない。情報を極端に簡略化することで、わかりやすいストーリーにしたつもりかもしれないけれど。

「デマとか陰謀論って、それを本気にして善意として広めてしまっている人も多い。だから無症状のまま、どんどん感染を拡大させてしまっている」（鹿島）

――そもそも小人プロレスに〝善意の抗議〟が来た事例なんて、『全員集合』の件以外でほとんど聞いたことがないし。実際に全女の会場で小人プロレスを観た観客は、み

KAMINOGE vol.120

定期購読のご案内!

より早く、より便利に、そしてお得にみなさんのお手元に本書を届けるべく「定期購読」のお申し込みを受け付けております。

発売日より数日早く、税込送料無料でお安くお届けします。ぜひご利用ください。

●購読料は毎月1,120円(税込・送料無料)でお安くなっております。
●毎月5日前後予定の発売日よりも数日早くお届けします。
●お届けが途切れないよう自動継続システムになります。

お申し込み方法

※初回決済を25日までに、右のQRコードを読み込むか、「http://urx3.nu/WILK」にアクセスして決済してください。以後毎月自動決済を、初月に決済した日に繰り返し実行いたします。
【例】発売日が1/5の場合、決済締め切りは12/25になります。

※セキュリティ設定等によりメールが正しく届かないことがありますので、決済会社(@robotpayment.co.jp)からのメールが受信できるように設定をしてください。

※毎月25日に決済の確認が取れている方から順次発送させていただきます。(26日～28日出荷)

※カードのエラーなどにより、毎月25日までに決済確認の取れない月は発送されません。カード会社へご確認ください。

未配達、発送先変更などについて

※ホームページのお問い合わせより「タイトル」「お名前」「決済番号(決済時のメールに記載)」を明記の上、送信をお願いします。
返信はメールで差し上げておりますため、最新のメールアドレスをご登録いただきますようお願いします。

また、セキュリティ設定等によりメールが正しく届かないことがありますので、「@genbun-sha.co.jp」からのメールが受信できるように設定をしてください。

株式会社　玄文社
[本社]　〒108-0074　東京都港区高輪4-8-11-306
[事業所]東京都新宿区水道町2-15新灯ビル3F
TEL 03-5206-4010　FAX03-5206-4011
http://genbun-sha.co.jp　info@genbun-sha.co.jp

KAMINOGE

んなゲラゲラ笑っていましたからね。

鹿島　素直に楽しんでいましたよね。

斎藤　相撲の地方巡業の初っ切りと同じで、全日本女子プロレスの地方興行には欠かせないものでした。試合でも松永高司会長がハリセンを持ってリングに上がって、レスラーの頭をバチンとやったり、会長自身が投げ飛ばされたり。それは笑いものにするんじゃなく、彼らが積極的に笑いを取る行為でした。

――小人プロレスは現存しているのに、なかなか観る機会がないっていうのは、正直、

リトル・フランキーがいた頃と比べてレベルが低いんですよね。選手はふたりしかいないからでもあると思いますけど、クオリティの問題でもあるわけですよ。

鹿島　時代が移りゆく中で、エンタメとして衰退していったというだけの話なんだけど、そこに「人権団体をディスりたい」という考えをもった一定の人たちが、「抗議を恐れる自主規制で、小人プロレスはテレビで観られなくなった」という物語にしてしまったという。

斎藤　こういう記事を書いている人は、「自分はリベラル」っていう書き方になるから、結果的にその誤った認識と理解によって論旨が二重三重にねじ曲がっていくわけです。

――小人プロレスを応援しているはずの記事なのに、小人プロレスの正当評価から大きく外れてしまっている。

鹿島　逆に小人プロレスを歪めてることになっているわけですよね。

――事実と異なることが定説となってしまっている弊害だと思いますよ。

鹿島　この連載の前々回、オリンピックの話題のときにも話しましたけど、じつは最近言われ始めたことなのに、それが昔からの正解だと思われて広まってしまうことがあるじゃないですか。今回の「小人プロレスが人権団体に潰された」っていう話もそうですけど。こうなると今年の東京オリンピック・パラリンピックも50年後くらいには「国民が一丸となってコロナに打ち勝った証として開催され、大成功しました」で、まとめられてしまう恐れもあるわけですよね。

斎藤　その可能性は高いでしょうね。いろんな媒体の論調から、その定説は早くも作られ始めている気がします。

鹿島　だけど、開催についていろんな意見があった事実をボクらは知っているわけだから、それを言い続けなきゃいけないですよね。

斎藤　事実を歪めないためにさまざまな情報をきっちりとキープしておくことが大切だと思います。

鹿島　だから小人プロレスのことも言い続けなくちゃいけないわけですよ。「それ、間違ってるよ」って。もの凄くアナログ的な手法ですけど、デマに対してはドブ板選挙的なアナログな方法で、「これは違いますから」って言い続けるのが大事。

斎藤　それを拾って、ネットに書いてくれる人もまた一定数はいるでしょうしね。

――特に紙媒体は活字として残りますから。のちに〝証拠物件〟にもなりえますよね。

斎藤　そうですね。活字は時代を超えて説得力を持つ資料になるでしょう。

鹿島　少なくともここでわかるのは、プロレスというジャンルだけでも世の中的な運動に変に利用されているということは、他のジャンルでも、いろんなことに利用されているということですよね。

斎藤　社会全体から見ればプロレスそのものはとてもマイナーなものだろうから、「この程度にまとめてもいい」っていう大メディアもあるでしょうね。

鹿島　それは危なっかしいですよね。

斎藤　でも世間から見ればマイナーで、軽んじられがちなジャンルだからこそ、なおさらのこと正確な情報を残していくのがボクらの役割というか、役割なんて言うと偉そうだけど、務めだと思いますね。

鹿島　当時の事実を知っている人が言い続けないと、誤った情報やデマが知らぬ間に広まっちゃいますからね。デマとか陰謀論って、意図を持ってやる悪質性もあるんですけど、それを本気にして善意として広めてしまっている人も多い。だから無症状のまま、どんどん感染を拡大させてしまっているみたいな感じですよね。

斎藤　今回のミゼットプロレスの記事は、まさにそういうことのひとつの実例ですからね。こういうものが現在進行形のネット読者に読まれると、事実と異なることがあたかもコンセンサスのように広まってしまうことはあるでしょう。

鹿島　だからこそ言い続けるしかないですよね。プロレスでもそうなんだから、世の中ではもっとおかしな改ざんが巧妙におこなわれているんでしょう。だからこそ、情報を受け取る側や、それを発信するメディアも「本当なのか？」と、いったん考える姿勢が求められるんじゃないかと思います。

プロレス社会学のススメ
斎藤文彦　プチ鹿島
コロナ時代を読み解くヒント
プロレスを語ることは
今の時代を語ることである

この人気連載が待望の書籍化！
12月15日発売です。
『プロレス社会学のススメ
コロナ時代を読み解くヒント』

著者／斎藤文彦・プチ鹿島
発行／ホーム社　発売／集英社

プロレスを語ることは、今の時代を語ることである。「プロレス記者」&「時事芸人」の最強タッグが、コロナ禍で混乱するプロレス界で考えたこととは。『KAMINOGE』の人気連載対談シリーズがついに待望の初書籍化。

斎藤文彦
1962年1月1日生まれ、東京都杉並区出身。プロレスライター、コラムニスト、大学講師。アメリカミネソタ州オーガズバーグ大学教養学部卒、早稲田大学大学院スポーツ科学学術院スポーツ科学研究科修士課程修了、筑波大学大学院人間総合科学研究科体育科学専攻博士後期課程満期。プロレスラーの海外武者修行に憧れ17歳で渡米して1981年より取材活動をスタート。『週刊プロレス』では創刊時から執筆。近著に『プロレス入門』『プロレス入門II』（いずれもビジネス社）、『フミ・サイトーのアメリカン・プロレス講座』（電波社）、『昭和プロレス正史 上下巻』（イースト・プレス）などがある。

プチ鹿島
1970年5月23日生まれ、長野県千曲市出身。お笑い芸人、コラムニスト。大阪芸術大学卒業後、芸人活動を開始。時事ネタと見立てを得意とする芸風で、新聞、雑誌などを多数寄稿する。TBSラジオ『東京ポッド許可局』『荒川強啓 デイ・キャッチ！』出演、テレビ朝日系『サンデーステーション』にレギュラー出演中。著書に『うそ社説』『うそ社説2』（いずれもボイジャー）、『教養としてのプロレス』（双葉文庫）、『芸人式新聞の読み方』（幻冬舎）、『プロレスを見れば世の中がわかる』（宝島社）などがある。本誌でも人気コラム『俺の人生にも、一度くらい幸せなコラムがあってもいい。』を連載中。

“自分をマッチメイクする”？“自分を洗う”？
目からウロコの長州独自の
「世の中とプロレスする方法」を伝授!!

KAMINOGE LISTEN TO POWER HALL

長州力

俺はリングを降りてからは
自分で自分をマッチメイクしているんだよ。
もっとプロレスから距離を空けたいってことで
自分自身を洗ったんだ。
でもな、自分で洗ってみてわかったことは、
匂いっていうのは完全に消すことは
できなかったんだよな

［吉田光雄］

収録日：2021年11月13日
撮影：池野慎太郎
聞き手：井上崇宏

「これまで藤波さんはどれだけ本当の自分を出してきたのか？　みんなプロレスだけをかぶっているわけじゃないんだから」

長州　あ〜、首が痛え……。さあ、パパッと聞いてくれ。パパッと答えるから。

――長州さん！　長州さんの終生のライバルである藤波辰爾さんがデビュー50周年を迎えられました。

長州　あ？　おまえ、プロレス記者みたいな言い方するなよ。ひょっとしてああいうのに憧れてんの？

――いえ、ちょっとだけプロレス記者ぶってみました……。

長州　いくら今日は天気がいいからって、もうそういうのはやめとけよ。で、藤波さんっていくつになったの？

――67歳ですね。長州さんの3つ歳下で。

長州　バカッ。俺はいま57だから藤波さんはちょうど10歳上だろ。まあ、藤波さんは元気だよね。やっぱり毎日のように身体を動かしているからだろうな。プロレス自体は身体に染みついているんだから、とりあえず動かしておくだけで。ウン。ただちょっと気になったのは、藤波さんは足から菌が入っちゃって大変だったみたいだよな。なんていうアレだっけ？

――蜂窩織（ほうかしき）炎ですね。

長州　怖いよな。放っておいたら足を切断しなきゃいけないくらいのアレだって聞いたけど。だから藤波さんも抗体というか免疫力がちょっとアレなのかなって思ったりして、ちょっと心配したけどね。ちょっとした菌が足から上がってくるっていうのはあまりいいことじゃないし。まあ、俺たちが口を出す問題じゃないよ。

――でも手術をされて大丈夫だったみたいでよかったですよね。

長州　大丈夫だよ、藤波さんは。

――やっぱり日常的に身体を動かし続けておくっていうのは大事なんですね。

長州　それはまちがいなくやったほうがいいよな。俺たちだけじゃなく、一般人だってそう。俺はうまく説明できないけど、やっぱり動かしているのとじっとしているのとではちょっと違うと思うんだよな。いつもよく言うけど、やっぱり下半身から来るよね。

――足腰から。

長州　足腰から。俺たちがいま急に「走れ！」って言われたらみんな足がもつれるだろ。

――子どもの運動会ではりきって走って、コーナーでずっこけるお父さんですね（笑）。

長州　それにいくら足腰が弱ってなくても、きのうか今日も地震があって揺れてるし。いまの日本は揺れてるからな。地球が怒ってるのか、日本が勝手に揺れてるのかわかんないけど。

俺だってずっと後遺症に悩まされているんだから。

――首ですか？

長州　頚椎と腰。あとは股関節。

――それは日々つらい感じですか？　それこそいまもですか？

長州　つらい！　いまも！　だからいつも首を回してるよな。きのうもマッサージを呼んでやってもらったんだけど。でも藤波さんはいまもリングに上がってるんだから、たいしたもんだよね。

――藤波さんは、長州さんにとっては何年も前にプロレスの世界に飛び込んだ大先輩ですよね。

長州　とてつもなく身体能力の高い先輩。俺はあの人に対してリスペクトしているね。ここまで築きあげてきたものを考えてみたら、なあ？　でもあの人が「どれだけ本当の自分を出してきたのか？」っていうのもあるよね。みんなプロレスだけをかぶっているわけじゃないんだから。

――「プロレスをかぶる」。

長州　そりゃ昭和の頃はプロレスを全部かぶってやってきた部分もあるのかもわかんない。それは俺も含めて。だけど藤波さんも俺も「俺は俺だぞ」っていう。そういうプロレスをかぶっているかのようでいて、やっぱり個人の顔ってものがどうしても出ちゃうのがプロレスだから。

――性格というか、我が出てしまうというか。

長州　「俺は俺なんだ。プロレスだけじゃないんだ」っていう。俺たちはロボットじゃあるまいし。ただプロレスをやるんじゃなくて「自分の人間性を持ってリングに上がる」っていうのはあったよな。反対にいまのレスラーはあまりにもプロレスをかぶりすぎちゃっている。まあ、観ている人も当然のように若いし、そこからまた新しいものを作っていってるんで、それはそれで。だからその中に入って、いまだに現役でがんばってる藤波さんっていうのはよくやっているよね。反対に若い連中は藤波辰爾にインパクトを取られてるじゃん。若い選手のほうが勢いは見えるし、それは当然のことなんだけど、俺からしたら藤波さんに全部吸われてるよね。

「このままいくと敬司は徳川家康みたいになるんじゃないか？『もうみんないったか。長かったのう』って（笑）」

――吸われてる。

長州　だって昭和のときはお互いに「どれだけ相手を吸ってやろうか」っていう闘いをしていたわけで。いま風の言葉で言えば。

――いま風の言葉。

長州　相手もこっちを吸いにきてるっていう中でな。だから藤波さんの感性にもそういうものが入っちゃってるよね。「相手を吸う」っていう。そういう気持ちでリングに取り組んで

いる藤波辰爾っていうのはやっぱり凄いんだよ。そうやってここまで積んだキャリアがいまの彼を助けているわけだから、リングの上ではいまだにいい間で、藤波辰爾というものが崩れることなく動いているんだから。ただ越中（詩郎）なんかとやってると、藤波さんもそんなにいい形にはならないけどな。ただまあ、安心した形にはなるという。

――長年やってきたから手が合いすぎるというか。

長州　まあ、いちばん抜け目がないヤツはあのバカタレだよ。

――バカタレって誰ですか？

長州　（武藤）敬司だよ。

――武藤さんは「抜け目がない」っていう言葉がぴったりのような気がしますね（笑）。

長州　本当にいまの時代のレスラーたちに話を聞いても、みんな敬司を怖がっているからな（笑）。世界中を見渡してもあんなに抜け目がないヤツはいないよ。

――世界一抜け目がない男（笑）。

長州　まあ、敬司も敬司で大変な思いをしながらやっているしな。ここから少し流れが動いて、藤波さんがいつか退いたら敬司だけが残ることになるよな。アイツ、武将にたとえたら徳川家康みたいになるんじゃないか？「もうみんないったか。長かったのう」って（笑）。

――アハハハハ。武藤さんの性格ってアメリカナイズされてい

るわけじゃなく、もともとがああいう感じなんですかね？
長州　知らん。まあでも、いつの時代でもレスラーっていうのはずっと注目を浴びていたいんだよ。で、たしかに敬司はそっち系の能力は凄いよ。だからいい意味で抜け目がないんだよ。
――聞いた話だと、武藤さんってああ見えて意外とプライベートでもプロレスの話をするのが大好きっていう。
長州　ああ、それはみんなそれぞれにあるわけだから。俺だって藤波さんだって、ほかの辞めていった人間でも、自分が捉えてきたプロレス観っていうものをみんな持っているわけだから。敬司もやっぱり持っているしな。でもアイツは抜け目ない。
――武藤さんはおねえちゃんがいるお店とかはあまり好きじゃなくて、なぜならそういう場所ではプロレスの話ができないからって聞いたことがあるんですよ。
長州　まあ、それは敬司がどういうプロレスの捉え方をしているのかはわからないけど。まあ、そういうプロレスを知らない女のコたちばっかのお店だと自分をアピールする場が狭くなるってことだろ（笑）。
――レスラーとしてのステータスが通用しないから嫌い（笑）。
長州　だからって、そこを無理やりこじ開けてまでプロレスの話をするのもアレだろうしな。まあ、敬司は敬司だよ。意外と藤波さんがもしどっかで止まった（引退）としたら、敬司もある意味でしんどくなってくるんだろうな。それって不思議だよな。

――長州さんは、藤波さんがここまで長く現役を続けられるとは思っていましたか？

長州　まあ、一時は腰が凄く悪くて欠場をして。でも身体が悪いところがないっていうレスラーなんていないわけだし。ただ当時の状況を考えたら、藤波さんが昭和から平成、令和にかけてやってるっていうのは、まあ考えられなかったかもわかんない。でもいつかは来るわけだからね、止まるときが。まちがいなくリングを降りるときが来るわけだから。せめてそのときは元気で降りてほしいよね。自分で力強く歩いて。

――元気なままで。

長州　うん。俺だってそういうところも意識して考えながらやってきて、なんとか無事にリングを降りることができたと思っても、リングを降りてから2年くらいでどんどん悪化してくるもんね。けっしていい方向には向かっていないよな。

――首や腰の状態がですか？

長州　うん。首や腰の状態が。やっぱり痛む頻度も多くなってきてるし。まあでも、歳も歳だからそれはいつかはそうならないとおかしなアレだからな。まあ、俺の首とか腰とか股関節のことよりも、このままコロナを抑えていきたいよな。この状況の中で第六波っていうのは、俺の中では考えられないことだぞ？

――通常の状態でも首や腰が痛いっていう中で、さらにコロナでいろんな制限をしながら生活をしていなきゃいけないっていうのは、ちょっと精神的にもよろしくないですよね。

長州　でもよくその制限を守ってきたっていうか、よくもこういう状況に俺は対応できたなと思って。いまやそういう生活がすっかり習慣づいていきて、仕事や練習以外の時間はほとんど家にいるからな。

「プロレスって絶対になくならないよ。どういう状況になるかはわからないけど、なくなるってことはない」

――早く「なんだったんだ、あれは？」って言いたいですよね。

長州　本当だよな。いま、ちょっとだけ収束の兆しが見えてきているような感じもあるけど、ここで第六波が盛り上がってきやがると、今度ばかりはみんな耐えられるのかっていう。

――精神的にはかなりきついでしょうね……。

長州　いま世の中で起きている事件とひっつけるわけじゃないけど、やっぱりちょっとおかしいよな。なんか変な事件が多くね？

――こないだの京王線のジョーカー事件とか。

長州　なあ。いままでいろんな事件が起きて、もともと日本の電車なんていうのは自分の身に危険なことなんかあるわけがないと思ってみんな乗っているわけだからな。それがビクビクしてまわりを見ながら対応するようになるよな。それはよけいに疲れが増すだろ。子どもや家族を持っている人はなおさら心配しなきゃいけないっていう。

——電車に乗るのにも気を張ってなきゃいけないってしんどいですよ。

長州　この1、2年とかでコロナで亡くなった人もいるわけだけど、もうちょっとワクチンとか早く対応できなかったのかね？　いまになってみると、この先進国の日本でスタートが遅かったよな。ちょっと安易に見すぎたっていうか。いろんな意味で日本は穏やかじゃないよ、本当に。あっ！　穏やかじゃないといえば（マネージャーの）谷やんが「長州さん、リングに上がれる状態にどれくらいの時間があれば戻せますか？」っていう穏やかじゃない質問をしてきやがったんだよ。

——えっ、いつの話ですか？

長州　きのうおとといの話だよ。穏やかじゃないだろ？

——穏やかじゃないですね。長州さんに何をやらせようとしているんですかね（笑）。

長州　本当はなんか聞いてたりしない？

——まったくです。

長州　まあアイツも毎晩、竜宮城（＝長州用語でキャバクラのこと）に行っていろんな交流をしているんだろうな。それでアゴの下を撫でられていい気持ちになって、よからぬことを言ったり考えたりしているんだろうな。おまえ、谷やんと竜宮城に行ったことあるの？

——いや、ないですね。

長州　単独犯か。アイツは浦島太郎を気取ってるってわけか。

——そうなんですか？　浦島太郎気取りの人なんて見たことがないですけど……。

長州　開けちゃいけない箱ばっか開けてくるんだよ。「リングに上がれる状態にどれくらいの時間があれば戻せますか？」って、アイツは玉手箱で懲りてないんだろうな。

——なるほど（笑）。さすがに現役復帰をしてほしいとか、そういう話ではないと思いますよ。

長州　みんな大変だよ。それなりに活躍していたヤツも、現役を退いたらみんな消えていくよな。ああだこうだってアゴの下を撫でられて、ＹｏｕＴｕｂｅでベラベラといかにも自分がその中心だったっていう風に「あのときはこういう原因があって」とかって。俺ですらわからない話までよ〜くしていやがる。あることないことベラベラとアゴを回しやがって。一時期は「ＹｏｕＴｕｂｅってプロレスラーしかやってねえのか？」って思ったくらいだぞ。プロレスがなくなったわけでもないのにバカなヤツらだよ、ほんっとに。いいか、プロレスって絶対になくならないよ。どういう状況になるかはわからないけど、なくなるってことはない。

――形がどう変わるかはわからないけど、プロレス自体はなくなりはしないと。

長州　まったくなくならない。

――それはなぜですか？

長州　プロレスをやりたいってヤツがいなくならないから。やっぱり自分を見せたい、何かを表現したいっていう人間はアマチュアの世界には行かないだろう。

――プロレスをやりたい人間がいる限り、プロレスはなくならないってことですね。

長州　絶対になくならないと思うよ。それを年老いたジジイども、まあバカなことまで付け加えてしゃべってアホが。いま、こんな大変な時代の中でみんなが一生懸命に動いて必死で生活をやっているのに、「プロレスラー時代はじつはこうでした」「あの人はじつはこういう人でした」って、おまらがそんなことをしゃべって、自分のところにいい形になって戻ってきてるのかって。そこを触る話しかできないのかって。

「俺はいまテレビに出させてもらったりしているから先輩とかに言われるんだよ。『おまえ、本当にこれマジでやってんの？』って」

――削られていくだけですよね。

長州　身を削ってみたらプロレスについてあれこれ言うしかなかったっていうのはおまえらの生き方の問題で。俺に言わせれば、やっぱりレスラーっていうのはアゴの下を撫でられたら完全によくしゃべる動物だな。「それ、おまえが体験したの？見たの？　その場にいたの？　おまえがその流れを作ったの？その流れに入って行ったの？」って。おまえなんかよりも活躍したヤツはいっぱいいるのに、なぜわからないんだって。まあ、そうやってしゃべるヤツにはわからないだろうな。俺がもしそれと同じことをやっていたら、いまのように仕事は来ていないよ。

――そうでしょうね。

長州　俺は絶対にアゴの下を触らせないしな。だから俺はリングを降りたときに「もっと（プロレス業界との距離を）開けなきゃいけないな」って思ったんだよ。そのときはいまみたいに仕事なんか何もなかったけど、俺はどんどん空けていったからな。それって自分で自分を〝マッチメイク〟したようなもんだよ。

――プロレス界とは距離を置いたけど、やっていることは同じ〝プロレス〟というか。

長州　俺は自分で自分をマッチメイクしてるんだから。

――以前、長州さんは「洗う」っていう表現の仕方をされたことがあると思うんですけど。

長州　おお。だから俺は引退して自分自身を洗ったんだよ。魚と一緒だよ。現役のときといまとでは、その洗い方って違うんだよ。新鮮な素材であれば、あえて洗わないほうがいいってこともあるけど、レスラーそれぞれの性格や、できること、できないことっていうのを見極めて「コイツはどうやって洗ってやろうか」っていう。それがマッチメイクだよ。「コイツの臭みは悪くないな」と思ったら、そこまでは洗わないし、逆に「コイツは一度洗わないと食えねえぞ」ってときはしっかりと洗う。

——そして長州さんはいま自分自身を洗っているわけですね。

長州　洗ってる。もうリングには上がらないんだから。もっと消したい。

——「自分で自分をマッチメイクする」というのはすなわち「自分で自分を洗う」と同義なわけですね。

長州　そうだよ。でもな、自分で洗ってみてわかったことは、匂いってのは完全に消すことはできなかったんだよ。

——あっ、プロレスラーの匂いがですか。

長州　そうしたら、わずかにでも俺の中に残っているその匂いとも付き合っていくしかないだろ。ひょっとしたら、その匂いが俺をこうして生かしてくれているのかもしれないしな。だから俺は、なんでみんなは自分のことを洗おうとしないのか不思議でしょうがないんだよ。自分を洗うことができなかったら、ただの人になっていくだけじゃん。あれだけ身体を削って、ああだこうだ言われながら少なからず苦労したのに。だからリングを降りたレスラーたちっていうのは、それぞれが違うことを考えて歩んでいくっていうだけだよな。俺もその中のひとりだけど、俺が選んだ道は「もう触りたくない」っていう。だからある意味で敬司には感謝しているよ。お互いにそこを触らなくても対応ができるから。敬司も切り替えはめちゃめちゃ早いし、抜け目ないから。アイツもリングを降りたら、自分でいろんな選択をすることができる生き方が向こうから舞い込んでくると思うよ。

——たしかにそんな気がしますね。

長州　だから、なぜみんなそういう考え方を少なからずしなかったのかなって。これはあくまでも俺の感じ方であって、やっぱり俺は昭和の体育会系なんで。時代や状況に応じてスパッと切り替えるというか、対応しなきゃいけないんだよ。俺はもう大学のときは「鬼」って言われてたんだから（笑）。

——専修大学レスリング部のキャプテン時代ですね（笑）。

長州　だから俺はいまテレビに出させてもらったりしているけど、地方で先輩とかに会ったときに言われるんだよ。「おまえ、本当にこれマジでやってんの?」って（笑）。後輩なんかも「先輩、あれはないでしょう」とか。

——当時を知る人たちからしたら、いまの姿が信じられない

わけですね。
長州　芸人で岡部っていうのがいるだろ。ほら、3人組の。
——ああ、ハナコですね。ハナコの岡部大さん。
長州　そうそう。あれは俺の大学時代の後輩の息子なんだよ。
——えっ、そうなんですか？
長州　そうだよ。アイツの親父は俺の部屋の付き人でさ、俺が4年のときの1年だよ。
——そうだったんですか。当時の体育会で4年と1年じゃ、もう大変な関係性だったでしょうね。
長州　だから岡部の親父は俺が鬼だったっていうのをよく知ってるんだよ。それで、その息子とも仕事で何回か会ったことがあるけど、「お父さんは元気か？」って聞くと「はいっ！」ってやけに元気よく答えてくれるんだよ（笑）。
——心の中で「これが鬼か……」って思っているんでしょうね（笑）。
長州　だからみんななぜそれが……（と首をかしげる）。みんながみんな自分を洗えばいいとは思わないし、洗い方をわかってるのかどうかも知らないけども、「じゃあ、レスラーはリングを降りたら消えていくだけなのか？」って。それが俺にはよくわからない。まがりなりにもずっとプロレスをやってきて、なぜそれがわからない。俺は敬司に対してはああだこうだ好き勝手に言ってるけど、アイツはいまそれをいっぱい溜め込ん

で、リングを降りたときに俺が言ったことを使って生きていくんだよ。

「ある意味ではみんなマッチメイクして生きてる。社会で生きるっていうのはそういうこと。すっぴんじゃ絶対に外に出ないはずだよ」

――武藤さんは、長州さんからマッチメイクのノウハウを全部吸収しているところですか。

長州　吸収っていうか、ぬかりないんだよ（笑）。リングの中じゃなくて外のテレビでそれなりの時間帯に自分を見せるとなったら、よっぽど洗って考えないと。でも敬司はそれなりにいまも人気者になっているもんね。アイツの存在は俺にとってはプラスなんだよ。マイナスにはなっていないから。

――いま、本当にいろんな人が武藤さんのことを「いまここで長州力に付いたか」って言っていますからね。「本当に抜け目ないな」って（笑）。

長州　いや、アイツは簡単に慕ってくるようなヤツじゃねえだろ。そんなのは敬司だけじゃなくて、プロレスのマッチメイクをしていたときからひとりもいやしないぞ、ほんっとに。陰に隠れてぶすぶす言いやがって。ただ、そこまでぶすぶす言ってたってことは苦労してがんばってるってことなんだから。

――ああ、そうですね。

長州　でも、俺がそいつらのマッチメイクを動かしていたときと違って、会長（アントニオ猪木）が俺らに課したマッチメイクというのは本当に紙一重だったよ。「俺をボロ雑巾にするつもりか？」って疑心暗鬼になるくらい。これはしゃべってもしゃべり尽くせないから、しゃべろうとも思わない。

――言葉にならない（笑）。でも、長州さんはこれから先も何度か洗う機会がありそうですね。

長州　でもそうやって洗いにかけてると、いままでのヤツら（ファン）に叩かれるよな。それもわかってるんだけどな。

――いえ、「自分を洗う」っていうのは凄い感性だと思いました。

長州　俺は最後のマッチメイクを美しく見せてやろうと思って、ウチの鬼嫁をリングに上げて「チュッ……」ってやったじゃん。そんなの、めちゃくちゃ洗わないとできないぞ、おまえ、ほんっとに。毎日、俺はおびえながら生きているのに「凄く幸せな家族」ってことになってるんだからな（笑）。

――いえ、実際に幸せな家族だと思いますよ。

長州　まあ、俺もいつかこの家から干されるだろうな。

――干される！（笑）。

長州　でもさ、結婚っていうのは……まだまだこれからも積み重ねていくんだろうけど、本当に最後まで一緒に行くっていうのは、まあ惰性って言葉はよくないけども、最後まで行くんだったら謝ればいいんだから。

――謝ればいい？

長州　何をしたって謝ったら許してくれる、それが夫婦じゃないの。そんなの男が謝ればいいんだよ。

――言葉に重みがありますね。

長州　いやいや、重みはないよ。だいたい悪いことをしたってときは自分がいちばんわかってるんだから。いくら家内に「おまえに何がわかるんだ」って言ったところで、俺の家内なんだから。じゃあ「ああ、悪かったな」って一言詫びれば。それで「今日、たまにはご飯でも食べに行く？」とかって（咳き込みながら爆笑）。考えなくてもこんな言葉くらいはすぐに出るぞ、俺は。

――反射的に謝れると（笑）。

長州　そこでもし、「ひとりで行ってくれば」って言われたら、「ああ、そうか。俺は道場に行くときはタクシーを呼んで行くんだけど、でも帰りがちょっとアレなんだよな。なかなかタクシーが捕まらなかったりするんだよな……」とかって言うと、家内が「じゃあ、迎えに行ってあげるよ」って言うんで「迎えに来るんだったら、ついでに何か食べて帰ればいいじゃないか」って。

――なんか、ここ最近本当にあった出来事かのようにお話になられますね。

長州　とにかく相手の言葉を引き出すことだよ。どういう言葉であろうが。

――長州さんもいろいろと考えながら生活をしていらっしゃるんですね。

長州　だからマッチメイクして生きてるんだよ。おまえが主戦場を麻布の竜宮城から代官山の竜宮城に乗り換えたのもすべてマッチメイクだよ。

――それはまったく根も葉もない話ですが。

長州　いやいや、「テリトリーが広がったな」って思ったよ。俺はこれからおまえのことを「チンギス・ハーン」と呼ぼうと思ってる。

――ボクには何かを統一しようとか、そういう野望はないですから（笑）。

長州　こんなちっちゃな国で驚きの野望だな、ほんっとに。いや、凄いんだから。宇宙の人工衛星からでも見える万里の長城を、チンギス・ハーンが攻めて来るからっていうので中国の10何億の民が作ったんだぞ？　あんなのいくら攻め込まれたって普通作らないぞ。だってギブアップしたほうがいいじゃん。おまえも〝万里の竜宮城〟を築こうとしてるわけか？

――長州さん、数分前からおっしゃっている意味がちょっとわからないのですが……。

長州　まあ、ある意味ではみんなマッチメイクして生きてるよな。社会で生きるっていうのはそういうこと。自分の思考で「今日はこれだ」って思って仕事に出向いて行くわけだけど、最初から自分の我を通せる仕事なんか世の中にはないじゃん。

――そう考えると自宅っていうのは道場というか控室みたいなものですよね。どこに向かうにも、いざ家を出るときには気合いを入れてから出かけるというか。

長州　そう。だから自分をメイクするよな。すっぴんじゃ絶対に外に出ないはずだよ。全員そうだよ。

長州力（ちょうしゅう・りき）
1951年12月3日生まれ、山口県徳山市（現・周南市）出身。元プロレスラー。専修大学レスリング部時代にミュンヘンオリンピックに出場。1974年に新日本プロレスに入団し、同年8月にデビューを果たす。1977年にリングネームを長州力に改名。メキシコ遠征後の1982年に藤波辰爾への噛ませ犬発言で一躍ブレイクを果たし、以後、“革命戦士”のニックネームと共に日本プロレス界の中心選手となっていく。藤波との名勝負数え唄や、ジャパンプロレス設立からの全日本プロレス参戦、さらに新日本へのUターン、Uインターとの対抗戦など、常にプロレス界の話題のど真ん中を陣取り続けた。2019年6月26日、後楽園ホールで現役ラストマッチをおこなった。

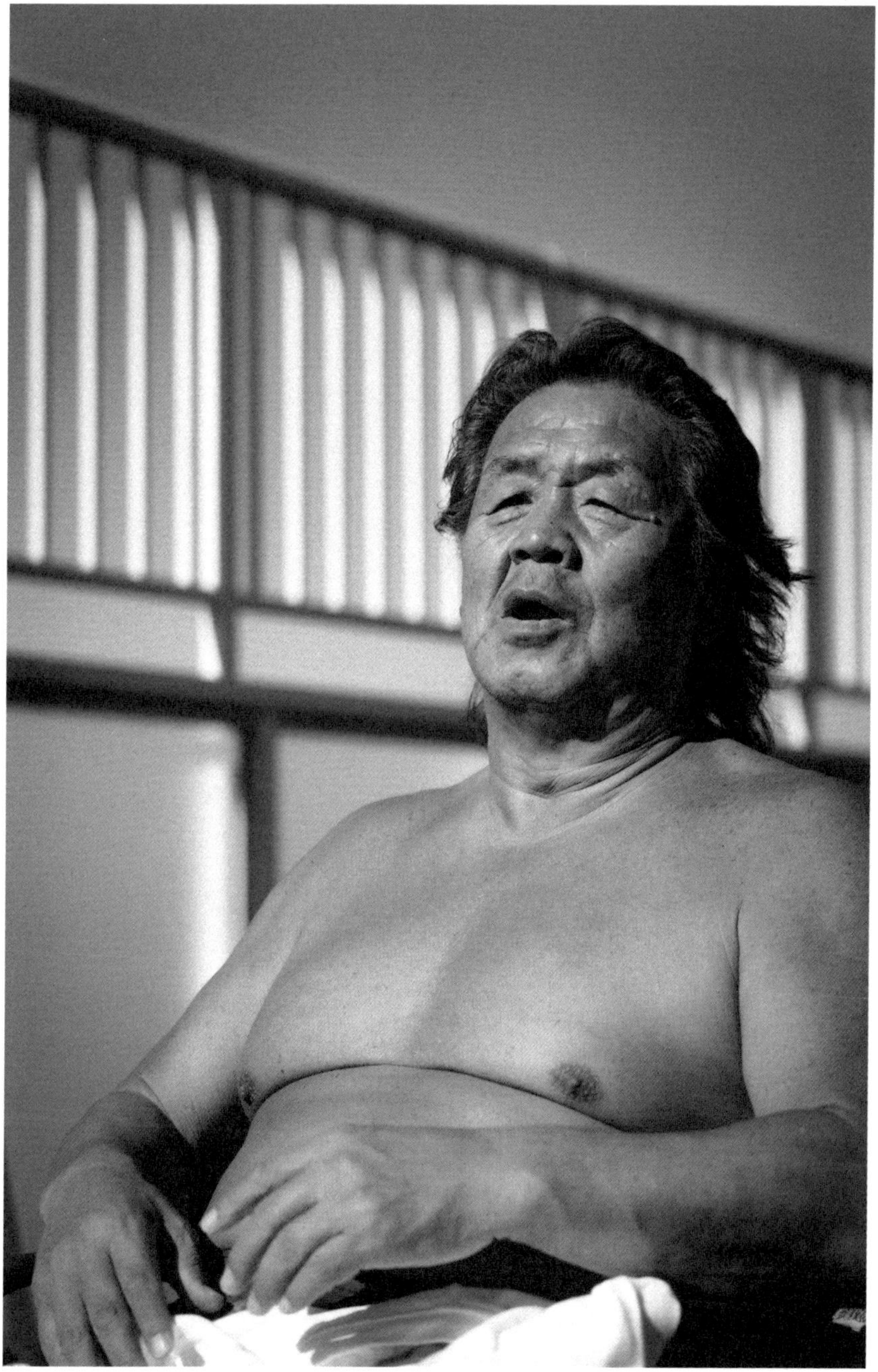

兵庫慎司のプロレスとはまったく関係なくはない話

第78回 締切が雑すぎる

締切が雑すぎる。

設定のしかたも、それをライターに破られた時の、催促のしかたもだ。雑誌に関しても、ウェブに関しても、そうである。

まず、雑誌に関して。こっちは編集者としての経験があるので、月刊誌なら本当のリミットはこれくらい、週刊誌ならこれくらい、というのは、容易に逆算できる。

ただし、1冊分の原稿すべてが、その本当のリミットの日になってしまうと、パンクするので、プライオリティの低いページや、低い書き手に対しては、もっと早めに設定するだろう。じゃあ、最底辺の俺は、このあたりだな。ということまで含めて、わかる。自分で書いていて哀しいが。

で。基本的に、ライターというのは、「原稿を寝かされる」のが嫌いな生き物である。「締切はこの日だけど、どう考えてもこんなに早く入稿するわけないよな、校正が終わったら、本当の入稿日まで寝かされるんだろうな」と、察しがつく仕事に関しては、なるべく後回しにしたい。その分、本当に急ぎである他の仕事を先にやりたい。と、考えるものである。

もうひとつ、基本的に、ライターというのは、締切を過ぎた原稿が複数ある場合、催促されたものから手をつける生き物である。あたりまえか。つまり、催促されないものは、後回しにしていく生き物である。

って、締切日を過ぎても催促されないことって、あるの？ あるのです。なぜ催促しないの？ 本当はまだ大丈夫だからです。サバを読んで、締切を設定しているからです。ただし、本当はまだ大丈夫であっても、締切日をすぎた翌日に催促しない、ということは、「あなたに対してサバを読んでいます。本当の締切はもっと先です。まだ書かなくて大丈夫です」と認めた、ということになる。だから、たとえ本当はまだ大丈夫であっても、自分が伝えた締切を相手が破った場合、すぐに催促しないといけない。

ということを、若い編集者ひとりひとりに、教えて回りたいくらいである。大手の出版社とかは、もっとちゃんとしているだろうが、僕が仕事をしている界隈では、今

兵庫慎司

兵庫慎司(ひょうご・しんじ)1968年生まれ、広島出身・東京在住、音楽などのライター。この11月でもっとも豪快だった例は、締切を過ぎても何の連絡もないので後回しにしていたら、ぴったり1週間後の23時すぎに電話がかかって来て「さっきメールお送りしたんですが!」「あ、ごめんなさい、見てないです」「明朝までに書いてください!」というやつでした。俺に頼んだのを忘れて他のライターに書いてもらったとか、そういうやつだな、と思っていた、あまりにも連絡がないので。某ウェブメディアでした。

んとこはまあそんな感じなんだ。サニーデイ・サービス『青春狂走曲』より。

以上、雑誌の場合でした。で、これがウェブの場合だと、さらにややこしくなる。なんで。「この日にアップする予定なので、その×日前のこの日を締切とします」というふうに、具体的に伝えてくれる人など、ほぼいないからだ。

アップの予定日だけ伝えてきて、締切日はそこから逆算してね、というクライアントもいるし、締切日は教えてくれるが、その日を過ぎても連絡はない、ただし、雑誌と違ってどれくらいサバを読まれているのかがわからない、という場合も多い。

中には、こちらから聞かない限り、締切を言ってくれない編集者もいる。新人ではない。肩書が付いているような人だ。で、それをいいことに後回しにしておくと、ある日突然「そろそろお願いします」というメールが届くのである。

いや、そろそろて! 前もって言っといてよ! どういうポリシーなんだ。ライターに締切を伝えると、百叩きの刑に処せられる宗教の信者なんだろうか。

なので、こちらから締切を聞きはしないが、「このアルバムのリリースはこの日だから、このあたりにはアップしたいだろう、じゃあその×日前には入稿を……」と、勝手に推理して、己のスケジュールを考えておくしかなくなるのである。

もう自分から締切を聞けよ! そのほうが早いよ! って話だが、そう思って締切を聞いたとしても、その日を過ぎても催促してこない。で、何日か経ったあたりで「そろそろお願いします」というメールが届く、という、おんなじ結果になるのだった。

要は、雑誌と違って、いつでも記事を発表できる代わりに、雑誌のような明確な締切がない。そして、雑誌よりも、編集者としての一般常識やスキルを学ばないまま仕事をしていて、それなりのキャリアになっている人が多い。という、ウェブ業界ならではの特徴が、ダブルで降りかかってくるので、そういうことになるわけですね。

ただし。そんなことを書いている自分だって、雑誌編集者の経験が長かったといっても、誰かから教わったりしたわけではなく、素人から始めて、何度もやらかして来た結果、身をもって覚えたことなんだけど。

現に、締切を過ぎても催促しない、そして、本当のデッドの日に「ヤバいです!」と電話して「じゃあもっと早く言ってよ!」と著者をキレさせ、「兵庫はギリまで電話してこない!」ということをそのまんま誌面に書かれたし、昔。松尾スズキさんに。

もし松尾さんが、これをお読みになったら、「おめえだよ! そこの! そこの! そこの!」とおっしゃると思います。エレファントカシマシ『奴隷天国』より。

ちなみに。本誌のこのコラムの場合、「毎月×日」という締切はあるが、その日を過ぎても連絡はない。で、早くて3日、遅いと6日くらい経ったあたりで、井上編集長から「明日が入稿ですのでよろしくお願いいたします」というショートメールが届く。慌てて書く。というシステムです。なので、すぐ書けるようにネタだけは考えておく、その時までに思いついてないとえらいことになる、という按配なのでした、毎月。

HENTAIZADANKAI

玉袋筋太郎の変態座談会

TAMABUKURO SUJITARO

ウルトラセブン

MASAHIKO TAKASUGI

高杉正彦

現役唯一の国際プロレス出身レスラー
新日本にタイガーマスクがいれば
全日本にはウルトラセブンがいた。
嗚呼、好きだよ国際プロレス!!

収録日：2021年11月4日　撮影：橋詰大地　試合写真：平工幸雄
構成：堀江ガンツ　協力：チームフルスイング

［変態座談会出席者プロフィール］
玉袋筋太郎（1967年・東京都出身の53歳／お笑い芸人／全日本スナック連盟会長）
堀江ガンツ（1973年・栃木県出身の48歳／プロレス・格闘技ライター／変態座談会主宰者）
［スペシャルゲスト］高杉正彦（たかすぎ・まさひこ）
1955年6月17日生まれ、神奈川県平塚市出身。プロレスラー。
日本大学でアメリカンフットボールの選手として活動し、卒業後の1977年5月に国際プロレスに入門。同年9月4日に後楽園ホールでのスネーク奄美戦でデビュー。1981年8月に国際プロレスが解散となり、その後はメキシコ遠征へと旅立った。1982年に覆面を被りウルトラセブンとして全日本プロレスに登場。ジュニア戦線にて活動して1983年に全日本に正式入団。1985年5月に国際血盟軍に加入したことを機に素顔へと戻す。翌1986年に全日本を解雇。以降はフリーランスとして活動している。

「俺はプロレスマニアですよ。中学2年ぐらいから日本プロレスを観ていて、やっぱり猪木さんのファンでしたね」(高杉)

玉袋　ガンツ！　今日は椎名先生は休みか？
ガンツ　そうなんです。ちょっと今日だけ都合が合わなくて。
玉袋　あの男も釣りばっかりしているのかと思ったら、忙しいね～。
ガンツ　というわけで今回は、ボクらふたりで横浜までプチ遠征してまいりました。ゲストは〝最後の国際プロレス出身現役レスラー〟、高杉正彦さんです！
玉袋　よっ！　待ってました！　今日はひとつよろしくお願いします。
高杉　よろしく！
玉袋　高杉さんはお住まいは横浜なんですか？
高杉　いや、俺は平塚。競輪場からクルマで5分だから。
玉袋　最高じゃないですか！(笑)。
高杉　競輪歴40年だからね(笑)。
玉袋　もう、すでに話が合う人だよ(笑)。
高杉　玉ちゃんも好きだからね。
玉袋　競輪好きが高じて、番組もやらせてもらっていますからね。
高杉　俺はグレート草津さんの付き人をやってたから、いつもかならず「9－3」「3－9」を買うわけ。これがけっこう入るんだよ。
玉袋　草津さんに儲けさせてもらってますか(笑)。
高杉　あとは剛竜馬の「5－3」もたまに出るんだよ。ただ俺、剛は嫌いだからめったに買わないんだけど、たまに来るからさ。「このクソヤロー！」って(笑)。
玉袋　なんでセブンを入れてねえんだってね(笑)。あと今日は、高杉さんに日大アメフト部問題をバサッと斬ってもらわないと。
ガンツ　高杉さんは日大アメフト部出身ですもんね。
高杉　あの危険タックルで問題になったときの内田(正人)って監督いたでしょ？　あれは俺の同期ですよ。
玉袋　あっ、そうだったんですか！
高杉　アイツは両親が日大の先生でね。だからあの事件があっても大学に残れたんだよ。ボンボンだからね。
ガンツ　なるほど(笑)。
高杉　あの野郎、大学1年から巣鴨のトルコに行くとか、とんでもねえヤツだよ(笑)。
玉袋　どこでタッチダウンしてんだっていうね(笑)。高杉さんがアメフトを始めたきっかけはなんだったんですか？
高杉　高校は陸上をやっていて、運動で大学に行きたかったから、東海大のレスリングと日大のフットボールは推薦で入れたんですよ。それでアメリカのレスラーって、アメフト出身が多いじゃないですか。ザ・デストロイヤーをはじめ、いい選手がいっぱいいたから、それで俺もレスラーになりたい夢があったんで、アメフトをやってみようと思ったんですよ。

玉袋 なるほどな〜。ファンクスとかスタン・ハンセン、ブルーザー・ブロディとかみんなそうですもんね。

ガンツ 高杉さんはもともとプロレスマニアだったんですよね？

高杉 マニアですよ。日本プロレス時代から観ていて、中学2年ぐらいでファンになったんですけど、『ゴング』から出た『プロレス写真画報』っていう写真集を買ったら病みつきになっちゃってさ。

玉袋 日プロだと誰のファンだったんですか？

高杉 やっぱり猪木さんですね。というか、日プロのあの雰囲気が好きでね。俺が中学3年のとき、新宿で日本プロレス大展覧会っていうのをやったんですよ。それを見に行ったら写真が500枚くらい飾られていて、リングも組んであってね。それで馬場、猪木、大木（金太郎）、吉村（道明）のサイン会をやっていて。で、そのあとに若手レスラーがリングに上がって公開練習をしたんだけど、スクワットやブリッジをやったあと、最後にセメントをやるんだよ。

玉袋 公開でセメントのスパーリングですか⁉

高杉 そう。まずは星野勘太郎vsタイガー戸口。

玉袋 おー！　すげえ。

高杉 間近でセメントを見せられて「すげえ……」と思ってさ。で、そのあと山本小鉄vsサムソン・クツワダ。クツワダさんのほうがずっとデカいんだけど、山本さんは蹴って殴って、バババッと極めるわけ。あんなの生で観ちゃったら興奮するよね。それでますますプロレスにハマったんですよ。

「月1回出る『ゴング』と『プロレス&ボクシング』が俺が中学の頃の教科書だからね。完全に変態ですよ」（高杉）

玉袋 そりゃハマっちゃうよ。高杉さんはTBS時代から国際も観ているんですよね？

高杉 もう夢中で観ていましたね。日プロが金曜8時で、国際が水曜7時からの1時間番組。それで月曜にニューヨークのWWF（当時WWWF）の放送もあって。

玉袋 えっ、WWFもやってたんですか？

高杉 アメリカのプロレス映像を流す番組をやってたんですよ。

ガンツ 80年代の『世界のプロレス』より10年以上前に、同じような番組があったんですね。

高杉 とにかく俺が中学の頃は毎日のようにテレビでプロレ

スをやっていてね。土曜には若手の試合を流す『ヤングファイト』があって、日曜は女子プロレスがあったんですよ。

玉袋　プロレスファンにとったら夢のような時代ですね。

ガンツ　それで高杉さんは、山本小鉄さんのファンクラブをやっていたんですよね？

高杉　そう。高校生のときね。

ガンツ　当時、小鉄さんくらいの中堅レスラーにファンクラブってあったんですか？

高杉　なかったね。マシオ駒ファンクラブっていうのもあったんだけど、それは俺の友達が作ったから。

玉袋　マニアックだな～（笑）。星野さんには行かなかったんですか？

高杉　本当は星野さんをやる予定だったんですよ。そうしたらちょうど海外遠征に行っちゃって。それで山本さんのFCをやったら、山本さん本人から「事務所に遊びに来なさい」って言われて、青山にあった新日本の事務所でインタビューさせてくれてさ。帰りに「これでご飯を食べなさい」って、おこづかいまでもらっちゃったよ（笑）。

玉袋　プロレス少年としては最高ですね（笑）。

ガンツ　当時のファン仲間で、そのあと業界入りした人っているんですか？

高杉　一緒に追っかけてたのは死んじゃったウォーリー山口とかさ。あとはロッシー小川。アイツらは追っかけだから、どこにもかならずいるんだよ（笑）。

玉袋　こないだ元『ゴング』の小佐野（景浩）さんもそんな話をしていましたよ。

高杉　小佐野くんは俺らよりもずっと歳が若いから、もっとあとの世代だけどね。

ガンツ　高杉さんはきっと、日本のプロレスマニア第一世代ですよね。

高杉　マニアっていう意味ではそうでしょうね。『ゴング』が創刊されてからマニアって増えたから。ミル・マスカラスの人気がワーッと出てね。

玉袋　そんな時代なんだな。

高杉　『ゴング』と『プロレス&ボクシング』が月1回で出るでしょ。俺が中学の頃はあれが教科書だからね（笑）。

玉袋　変態だな（笑）。

高杉　完全に変態ですよ（笑）。

ガンツ　我々の大先輩で（笑）。

高杉　玉ちゃんがラジオで言ってたじゃない。「週プロを捨てられない」って（笑）。

玉袋　聴いてくれてたんですか。捨てられないんだよ～。

高杉　俺、それを聴いて「おっ！」と思ったもん。「一緒だな」って（笑）。

玉袋　高杉さんも当時の『ゴング』とかまだ持っていたりするんですか?
高杉　持ってる、持ってる。
ガンツ　凄いですね。レスラーになったのに(笑)。
高杉　国際の事務所に創刊号から全部あったんですよ。それを国際が潰れたときに俺が全部持ち帰ったから、昭和30年代のやつが全部あるんだよ(笑)。
ガンツ　『ゴング』をコンプリートしてるって、闘道館を超えてますよ(笑)。
玉袋　火事場泥棒ってやつだけどな(笑)。
高杉　いや、本当の火事場泥棒はW★INGの茨城(清志)だよ。アイツは国際が潰れたとき、ハイエナみたいに来てさ、ポスターとかパンフレットをみんな持っていったんだよ。俺だってほしかったから、リングアナだった維新力の兄貴の飯橋(一敏)に「ポスターとパンフはどうなった?」って聞いたら、「この前、茨城さんが持っていきましたよ」って言うから「なんでおまえ、部外者にあげるんだよ! ふざけんなって。俺がほしかったよ!」って。茨城のバカはそれをすぐにプロレスショップに流しちゃったから(笑)。
玉袋　昔からそういうことをやっていたんだな(笑)。

「若手時代はグレート草津さんの付き人で大変だったんじゃないですか? 毎晩飲んで練習してねえから胸板がぺったんこだったって」(玉袋)

ガンツ　高杉さんは、新日本に入ろうとは思わなかったんですか?
高杉　いや、もともと新日本に入りたかったから、一度、21歳ぐらいのときに事務所まで行ったんだよ。そうしたら新間(寿)さんがいたんで、「入れてください」って言ったんだけど、「ちょっと身体も小さいし、卒業してから来なさい」って言われてね。
玉袋　テイのいい断り文句ですね。
高杉　そのちょっと前に、佐山(サトル)がデビューしたんだよ。後楽園に観に行ったら、第1試合で北沢(幹之)さんとやっていてね、「なんだよ、俺より弱そうじゃねえか。アイツには負けねえな」って思っていたんだけどね(笑)。
ガンツ　ちっちゃいヤツがいるじゃねえかと(笑)。
高杉　俺は当時、レスラーを目指して横浜のスカイジムに通ってたんだけど。
玉袋　出た、金子武雄先生のジム。
ガンツ　藤原組長や米村天心さんも通っていたジムですよね。
高杉　そう。それで俺が新日本で入門を断られたことを金子さんが誰かから聞いたみたいで、「なんだおまえ、直談判に行ったのか。俺が入れてやるからもっと稽古しろ」って言われて。その半年後、金子さんが国際に俺を推薦してくれたんですよ。

玉袋 それで国際に入ったんですね。高杉さんが入ったとき、近い先輩は誰になるんですか?

高杉 スネーク奄美と米村さん。近いって言っても5年ぐらい先輩だけどね。

ガンツ それだけ若手が入っていなかったんですか?

高杉 TBSの放送も終わって、小さな所帯で切り詰めてやっていたんだろうね。

玉袋 若松市政さんは?

高杉 若松さんも5年ぐらい先輩だけど、あの人はレスラーというより資材部だから。たまに試合をやるくらいで。試合がショッパイから「若松は無理だ」って言われていたんですよ。

玉袋 で、その若松さんの横にいたボーヤが冬木(弘道)さんだもんね。

高杉 冬木は俺の2年後輩で、アポロ菅原と一緒に入ってきたんだよ。アポロは高校のアマレスチャンピオンで、遠藤光男さんの推薦だからすぐに入門オッケーが出たんだけど。冬木は最初、何もできなかったね。

ガンツ 冬木さんは特にスポーツ歴もないですもんね。

高杉 それでみんなはクビにしようと思ったんだけど、(社長の)吉原(功)さんが「まだ歳も若いし、若松のところでちょっと鍛えさせておけ」って資材部に入れて練習だけさせていたんだよ。

ガンツ 若松さんとマンツーマンで(笑)。

玉袋 それで若松さんと一緒にリング運搬のトラックに乗っていたわけか。

高杉 冬木はよくがんばったよ。あれを1年やったんだから。彼は根性あったよね。

玉袋 高杉さんも若手時代は、グレート草津さんの付き人で大変だったんじゃないですか?

高杉 大変ですよ。国際に入ってすぐに言われたもんね。鶴見(五郎)さんや剛から「高杉、草津さんの付き人にだけは絶対になっちゃダメだぞ。大変だから」って。実際、全日本に行った本郷(篤=肥後宗典)っていうのがいたでしょ?彼が草津さんの初代付き人なんだけど、あれは嫌で逃げたんだから。

ガンツ 草津さんが嫌で(笑)。

玉袋 大変だったって言うもんな。

高杉 酒が好きだから毎晩飲むでしょ。もう大変ですよ。

玉袋 それで練習してねえから胸板がぺったんこだったっていい

うもんな（笑）。

高杉 足は速かったけどね。ラグビーをやっていたから。

玉袋 じゃあ、ラグビーつながりで阿修羅・原さんも入ってくるわけですか。

高杉 阿修羅は俺の半年後に入ってきたんですよ。もともと新日本が彼に触手を伸ばしていてさ、新日本に入る予定だったみたいよ。

玉袋 そうだったんですか⁉

高杉 そうしたらラグビー関係者から草津さんのところに連絡が行ったんですよ。「原が猪木のところに入るみたいだよ」って。それで草津さんが阿修羅を呼んで吉原さんと無理やり会わせてさ。社長の前で草津さんが阿修羅に「お願いしますと言え！」って。その一言で決まっちゃったから（笑）。

ガンツ それで原さんの人生が変わっちゃったわけですね（笑）。

「ハーリー・レイスも博打が大好きで花札が読めないからトランプでやるんだけど、100万くらい持ってくるんだよ（笑）」（高杉）

玉袋 高杉さんが入った頃の寮長は誰だったんですか？

高杉 あのときはデビル紫だね。もうジジイだったけど、あの人は自衛隊にも行っていて真面目な人だったから。

玉袋 自分でマスクを作って売っていた人だもんな。

高杉 地味だったけど人間的にはいい人でしたよ。しっかりしていたから。ほかに鶴見さんと剛がいたんだけど、ちょっと抜けてるからさ、だから紫さんを寮長にしたんじゃないの。あとは若松さんもいたんだけど、国際に入る前に芝浦で仕事していた時代の友達がいるとかで、芝浦から通いで来ていたね。

玉袋 飯場暮らしが長かったたって言ってたもんな（笑）。

ガンツ 沖仲仕ですね（笑）。

玉袋 向こうで言うアンコってやつだよ。みんな博打をやっちゃって（笑）。

高杉 プロレスも一緒ですよ。毎日博打。

玉袋 国プロはなんの博打をやっていたんですか？

高杉 オイチョカブ。

玉袋 じゃあ、全日本と同じですね。

高杉 全日本に行ったときにはビックリしたね。大型バスに外国人、中堅、若手が一緒に乗るんだけど、ベニヤ板が積んであるんだよ。

ガンツ 謎のベニヤ板が（笑）。

高杉 「なんでこんなところにベニヤ板が置いてあるんだ？」と思っていたら、（グレート）小鹿さんがベニヤ板を椅子のあいだに置いて、その上に毛布を敷いて賭場を作るんだよ。それで「おーい、やるぞ！」って（笑）。

ガンツ 〝極道〟コンビが胴元って、まさに博打ですね（笑）。

高杉　いや、でも大熊（元司）さんはやらないから。
玉袋　あっ、そうなんですか？
高杉　やるのは小鹿さん、石川敬士、ロッキー羽田とか（笑）。
ガンツ　やっぱり相撲出身者が中心なんですね（笑）。
玉袋　まあ、その究極が安田忠夫だろうな。手本引、バッタ撒き、本格的だからさ。
ガンツ　全日本は合宿所でもずっとやっていたって、川田（利明）さんが言っていましたね。
高杉　まあ、アイツらはちっちゃいやつでしょ。たぶん菅原がやってたんだよ。アイツは博打が好きだからさ。それで国際では（レートが）500円だったんだけど、菅原が俺のところに来て、「高杉さん、最低が3000円ですから」って言ってきて「えーっ、ウソー!?」って（笑）。
玉袋　ミニマムベットが（笑）。
高杉　「日本テレビで放送している団体は違うな」と思ったよ。それでたまに天龍（源一郎）さんとかが来ると、あの人はすぐに万札で出すからさ（笑）。
玉袋　天井知らずだよ。ダメだよ、決めておかなきゃ。
高杉　それでハーリー・レイスが来日すると、彼も大好きだからやるんだよ。でもハーリーは花札が読めないからトランプでやって、ギャラは1万ドルくらいもらってるんで、100万くらい持ってくるんだよ（笑）。
玉袋　そのハーリー・レイスにカモられたのがキラー・カーンだよな。通しでサインを出されてたっていう（笑）。国際も、レートは全日より低いながらもやっていたわけですね。
高杉　しょっちゅうやってたよ。スネーク、（マイティ）井上さん、マンモス鈴木、あとはミスター・ヒト。あれも好きだから。みんなでやってるんだよ。俺と井上さんが同室で、だいたいその部屋が賭博場になるからさ。始まると遠藤（光男）さんが「高杉くん、俺の部屋で寝な」って言ってくれてさ。それで朝7時くらいに起きて部屋に戻ると、まだやってるんだよ（笑）。
ガンツ　オールナイトで（笑）。
高杉　スネークが負けて、もう素っ裸になって「コノヤロー！コノヤロー！」って続けてるの。
玉袋　ヘビが脱皮したんだな（笑）。阿修羅さんはやっていたんですか？
高杉　阿修羅はやらないね。
玉袋　博打もやらないのに、何がもとで借金を抱えちゃったんだろう。
高杉　なんだろうね。（小指を立てて）コレじゃないかな？近鉄時代から借金はあったみたいで、プロレスに来たってことは何かあるわけだから。
玉袋　プロレス入りのお金でチャラにすると。

高杉　また阿修羅は気前がいいから、飲みに行ったら自分で全部出すのよ。カッコつけるからさ。

「鶴見五郎さんが西尾三枝子と付き合っていたってことは、鶴見日記にその一部始終が書かれていますね（笑）」（ガンツ）

玉袋　そういうのがあるんだな。稲妻二郎はどうだったんですか？

高杉　いい人でしたよ。先輩は変なヤツばっかりだったけど、二郎さんはやさしかった。凄く親身になってくれて。「タカチャン、タカチャン」ってさ。二郎さんが来てから、俺もようやく人間らしい生活になってきたから。その前までは奴隷みたいなもんですよ（笑）。

ガンツ　日本語はペラペラだったんですか？

高杉　もうペラペラ。あの頃、黒人で日本語をしゃべるのなんかいなかったから、二郎さんがタレントになるって話があったんだよ。でも吉原さんが反対して「おまえはプロレス一筋で行け」って。

玉袋　もったいねえ。

高杉　あのときタレントもやっていたらよかったんだよ。歌もうまいからさ。森昌子の『せんせい』を歌うんだよ。

ガンツ　オスマン・サンコンさんとかが出てくる全然前ですもんね。

玉袋　早すぎたウィッキーさんだよ（笑）。

ガンツ　稲妻二郎がワンポイント英会話をやっていたかもしれない（笑）。

玉袋　マイティさんはどうでしたか？

高杉　もう井上さんは豪快でね。

玉袋　モテモテでしょ。だって嫁さんがプレイガールだもん。

高杉　西尾三枝子ね。

玉袋　当時は放送の中でもバンバンやってたもんな。だって『プレイガール』も国際と同じ東京12チャンネルじゃん。その流れもあって。

高杉　『プレイガール』は人気あったもんね。井上さんは大阪と東京で2回結婚式をやったんだから。東京では高輪ホテルでやって、俺もペーペーだけど行ってさ。そうしたら沢たまきとかいたよ。

玉袋　大信田礼子とか（笑）。

高杉　そうそう（笑）。当時、スネークの先輩でカメちゃんっていうのが渋谷でスナックをやっていたの。そこに選手が行くと安く飲ませてくれたんですよ。「おまえは出世払いでいいからな」って。それで鶴見さんとかみんな行っていたんですよ。そこには大仁田とか（ハル）薗田も来てさ。だって1000円で飲ませてくれるんだもん。

ガンツ　そんな団体交流が（笑）。

高杉　で、そこに西尾三枝子が飲みに来たんだよ。そうしたら鶴見さんが西尾三枝子の大ファンでさ、一時期付き合っていたからね。

玉袋　そうだったんですか⁉

ガンツ　じゃあ、鶴見日記にその一部始終が書かれていますね（笑）。

高杉　鶴見さんは地方巡業に行くとお土産とかを買ってくるわけよ。「西尾さんは今度いつ来るんですか?」とか言って。そのくらい入れ込んでたわけ。そうしたらあるとき、「西尾さんはどの選手が好きなんですか?」って聞いたら、「私、マイティ井上さんが大好き!」って言ったんですよ。それで「わかりました、今度会わせますよ!」って言って、それで井上さんと会わせたらそっちに行っちゃって（笑）。

玉袋　持っていかれちゃったんだ（笑）。

高杉　そりゃ、鶴見さんとマイティさんじゃねえ。だから鶴見さんは高輪での結婚式には来なかったんですよ。吉原さんは知っていたからさ、「鶴見、おまえは来なくていい」って。

玉袋　いい話だなー。そりゃ独立愚連隊になるわな（笑）。

ガンツ　グレちゃった（笑）。

高杉　俺が入ったときだって、裏のほうで鶴見さんと剛がふたりで「おう、八木!　またいい男が入ってきたな。また俺はモテねえよ!」ってボヤいてたから（笑）。

玉袋　でも井上さんも鶴見さんもヨーロッパスタイルのプロレスっていうのがまたおもしろくてね。

高杉　鶴見さんもいい試合をしていましたよ。やっぱりヨーロッパで長かったから、若手ではあの人がいちばんよかったですね。だけど、なんたってマイティさんがいちばんうまかったね。

玉袋　いま映像で観ても、やっぱりあの弾み方がハンパじゃねえもん。誰とでもいい試合をするからさ。ゴムまりみたいで。

高杉　全日本に行ってから、大仁田と後楽園でやったときも動きが全然違うもんね。

玉袋　だから全日との対抗戦でジャンボ鶴田に負けたとき（1978年11月29日、大田区体育館）、「カウントが早い」ってすげえ怒ってたもんな。

高杉　あれは判定があったら井上さんの勝ちですよ。スカイジムから観に来ていた人たちがみんな言ってたよ。「今日は井上の勝ちだったな。井上が押してた」って。

玉袋　こういう話をしていると、今日も家に帰ってから国際のDVDを観たくなっちゃうよ（笑）。最近、国際ばっかり観てるから。

「アンドレが駆け出し時代の恩を返すために国際に特別参加するっていうのはいい話だよ。豪華メンバーだったんだよなー」(玉袋)

高杉　俺もビデオをよく観るけど、昭和しか観ないもんね。

玉袋　やっぱ昭和がいちばんいいですよ。

高杉　いちばん輝いていたね。

玉袋　杉浦アナウンサーの名調子がいいんだよな〜。門馬忠雄さんも出てきてさ。国プロは合宿風景とかも流したりとかもしてくれるんだよ。それを観るのが楽しみだったりしてさ。遠藤さんとビリー・グラハムが腕相撲をやってたりとか(笑)。

ガンツ　シリーズ前の特訓映像とか写真とかがまたいいんですよ。

玉袋　それと選曲も最高なんだよ。

高杉　入場テーマ曲は国際が最初じゃなかったのかな。ビリー・グラハムのときに『ジーザス・クライスト・スーパースター』を流したんだよ。

玉袋　あのときアンドレ(ザ・ジャイアント)も来てさ、ヘイスタック・カルホーンとか。

ガンツ　アンドレは新日本に出始めてからもう1回、国際に来たんですよね。

高杉　あれは昭和54年だったかな。アンドレはいいヤツで、どっかで吉原さんと会ったときに「1週間行くから」って約束してくれたらしいんだよ。あの頃、アンドレは世界一の売れっ子だからね。アメリカでもアンドレが出ると客が倍来るんだから。

玉袋 そのアンドレが駆け出し時代の恩を返すために、国際に特別参加するっていうのはいい話だよ。あのとき、たしかバーン・ガニアも来ていたな。豪華だったんだよなー。

ガンツ 国際はいい外国人選手を呼びすぎて借金がかさんじゃったっていうのもあるんですよね。

玉袋 本当にいいレスラーがたくさん来てたもん。アレックス・スミルノフとか、マッドドッグ・バション、オックス・ベーカー。

高杉 ダイナマイト・キッドもそうですよ。あとリック・フレアーも最初は国際に来てるんだから。

ガンツ 素晴らしいメンバーですね。

高杉 吉原さんは外国人選手にはうるさいから、いい選手を呼んでいたよね。

玉袋 アニマル浜口さんはどうでした?

高杉 面倒見がいい人でね。浜口さんはシリーズが終わると、合宿所にいる選手たちを奥さんの店『香寿美』に招待してくれるの。俺が入って1~2週間くらいのときですよ。剛が威張って「高杉、今日は浜口さんのところに行くから。おまえも来い!」って。

ガンツ 自分が招待したわけじゃないのに(笑)。

高杉 それで浜口さんのところに行ってごちそうになってさ。そのとき京子ちゃんが生まれたんじゃないかな。「ようやく娘が生まれたんだ」って言っていたから。

玉袋 京子ちゃんはお父さんがボディビルをやったときにその流れで一緒にやっていたもんね。高田馬場のちゃんこ屋『浜力』には行かなかったんですか?

高杉 行ってましたよ。国際はだいたい『浜力』だから。ラッシャー木村さんと草津さんはタダで食えるからね。

玉袋 あそこの娘さんが俺の高校の後輩なんですよ。

高杉 そうなんだ。あそこのオヤジは佐渡ヶ嶽部屋の先代の琴若さんだから。だから佐渡ヶ嶽部屋と国際は凄く仲がよかったんですよ。部屋付き親方で昔は大関だった琴ヶ濱さんが吉原さんと凄く仲がいいし。あれも酒ばっか飲んでさ。最後の頃なんか「俺はもうドクターストップがかかってるからな」って言いながら、「でも医者はワインだったら3本までいいって言うからさ」とか言って。そんなの一緒だよね(笑)。

玉袋 それ、医者は言ってねえよ。自分ルールだよ(笑)。

ガンツ 国際と言えば酒っていうイメージですよね。

玉袋 木村さんだって飲んでいたわけでしょ。

高杉 あー、強い強い。あの人は日本酒だから。草津さんはビール党だったね。あとは剣菱を毎日2升だから。

玉袋　凄いな（笑）。

高杉　それもビールを飲んでからだよ。試合が終わって汗をかいてるんでビールをかっくらってから剣菱を2升。

玉袋　寺西さんはどうだったんですか？

高杉　寺西さんも飲む。またあれがクセが悪いんだ（笑）。地方巡業に行くと、国際は旅館だから試合が終わってから宴会をやるわけ。でも浜口さんや大位山とかは「外に飲みに行くぞ！」って、（小指を立てて）コレを決めにいくわけだよ。まあでも、だいたい決まらないんだけど（笑）。で、俺は新弟子だからもう寝てるとさ、夜中の3時、4時に音が聞こえるわけ。遠吠えが。パッと目が覚めて「あれ、なんか聞いたことがある声だな……」と思っていると、その声がだんだん近づいてくるわけ。「ウォーウォー！　平吾、飲むぞ！　コノヤロー！」とかさ。「おー、やべえ、草津さんが来た！」って（笑）。

玉袋　出た〜！（笑）。

高杉　そこでだいたい新弟子は起こされるわけですよ。俺はそれを鶴見さんから聞いていたから、だいたい隠れて別のところで寝るんですよ。そうすると「おーい、高杉。起きろ、コノヤロー！　あれ、いねえぞ？」って。で、そのうち寝るからさ（笑）。

玉袋　いい話だよなー（笑）。

高杉　昔、TBSで放送していた関係で、国際は東北で強かったんですよ。盛岡にある岩手県営体育館って1万人入るところで2日間興行をやっていたからね。そうすると毎晩飲んでさ、盛岡のホテルはすべて出入り禁止になっちゃったんだよ。俺が入った頃、体育館の近くにホテルがいっぱいあるんだけど、なんかずいぶん離れた旅館に泊まるわけ。そうしたらさ、「酒を飲んで暴れてるから国際プロレスは出入り禁止になってるんだ」って（笑）。

ガンツ　新日とUWFの熊本以前に、国際で旅館ぶっ壊し事件があったんですね（笑）。

「国際の合宿所にタクシーが突っ込んで火事で全焼したっていうのはどうだったんですか？」（玉袋）

玉袋　そういうので国際は経費がかさんじゃったのかな（笑）。高杉さんは、国際の経営がヤバくなっていったのは肌で感じていたんですか？

高杉　感じ始めたのは2年目くらいかな。入った頃はまだテレビ放送もやっていたし、外国人も毎シリーズ8人くらい来て、年間150試合ぐらいやっていたからね。ところが2年目から給料が遅れ始めて、そこで社員がゴソッと抜けたんだよ。営業の人間とか、あとはレフェリーの前溝（隆男）さん、それとリングアナの竹下（民夫）さん。特に営業がいなくなったら、もう団体はダメだね。
玉袋 最終興行地の羅臼には行ったんですか？
高杉 もちろん行きましたよ。
玉袋 終着の浜辺と言われた（笑）。
ガンツ なんで最果ての地まで行っちゃったんですかね？
高杉 国際は何年かに一度は羅臼でやっていて、毎回お客が凄い入ったらしいんですよ。羅臼御殿ってのがあって。
玉袋 ああ、ニシン漁の。
高杉 そうそう。あとはカニやタラも漁れるから、あそこの町は漁師がみんなカネを持ってるんだよ。
玉袋 20代でベンツ買っちゃったりしているんだよな。
高杉 だからプロレスをやったらみんなチケットを買ってくれるからさ、それで北海道巡業に組み込んであったんだよ。でも、あのあと札幌とかも組んであったんだけど、前売りが売れてなくて全部中止。それで羅臼が最後になったの。
玉袋 寂しい最期だったってみんな言うもんな。試合が終わった人から先に帰っちゃって三々五々だったっていうさ（笑）。
ガンツ 鶴見さんがメインイベントの金網デスマッチをやってる頃には、選手が誰も残っていなかったっていう（笑）。
玉袋 国際が潰れる前、合宿所にタクシーが突っ込んで火事で全焼したっていうのがあったじゃないですか。あれはどうだったんですか？
高杉 大宮の合宿所の前が国道で、ちょうど坂道のカーブになっているんだよ。それでタクシーが曲がりきれずに突っ込んで、プロパンガスに引火して爆発ですよ。そのとき俺たちは巡業に出ていて、札幌の近くの町で試合をやって終わってからニュースを観ていたら、「タクシーが国際プロレスの合宿所に突っ込みました」ってやっていて、みんなが「えーっ!?」って（笑）。
玉袋 ニュースで知ったんだ（笑）。
高杉 もう騒然としちゃってさ。で、冬木が合宿所の残り番だったから「アイツ、死んだんじゃねえか！」って言っていて。そしたらアイツ、すかして家に帰ってたんだよ（笑）。
ガンツ 先輩たちがいないのをいいことに（笑）。
高杉 「おまえは残って練習してろ！」って言ったのに、アイツはすかしやがってさ。そんなことを新弟子時代からやってるんだもん（笑）。
ガンツ でもシリーズのオフだったら何人も亡くなっていた可能性もありますよね。
高杉 危なかったよ。草津さんはガウンを俺にくれるって言っていたのにおかげで焼けちゃったよ。でもアンドレの国際のユニフォームは俺が家に持ち帰っていたから無事だったんだよ。昔、ロシモフ時代にスネークがもらったんだけど、だらしなくて合宿所にずっと置きっぱなしにしてるから、俺がかっぱらっておいて（笑）。

ガンツ　かっぱらっておいたおかげで無事だった（笑）。いま闘道館に売ったらいくらになりますかね？

高杉　大変な価値があるでしょ。それを今日持ってこようと思ったんだけど、荷物になっちゃうからさ（笑）。

玉袋　国際が終わってからウルトラセブンになるのは、どういうきっかけだったんですか？

高杉　国際が潰れる2年くらい前からメキシコの選手が来ていたんですよ。ちょうどマッハ隼人が入ったときだね。で、カルロス・プラタが来て。ちょうどサトル・サヤマがヨーロッパに行っちゃって向こうに日本人選手がいなかったんですよ。それでプラタは言われたんじゃないの。「日本で誰か若いヤツを探してこい」って。

ガンツ　日本から誰かひとり連れて帰ってこいと。

高杉　そう。それで俺に白羽の矢が立ってさ、実際にメキシコからオファーも来たんだけど、吉原社長がなかなか行かせてくれなかったんだよ。国際も選手が少なかったからさ。いま思えば、あのときすぐに行っておけばよかったんだよな。だって日本に残って、毎日のように米村さんやデビル紫と試合をしたって得るものなんかないでしょ。1〜2年もすればもう超えてるからさ（笑）。

ガンツ　高い壁じゃなかった（笑）。

高杉　それなら外国に行って勉強したかったしね。それで国際が潰れてからようやく行けたんですよ。馬場さんから全日本に誘ってもらったんだけど、「海外で勉強したいんで、一度メキシコに行かせてください」って言って。

ガンツ　高杉さんがメキシコに行ったときは、もう新日本の選手たちも現地に何人かいたんですよね。

高杉　俺はEMLLだったんだけど、UWAにグラン浜田さんと（小林）邦昭、（ヒロ）斎藤がいたね。俺のメキシコ第1戦はアレナ・メヒコだったんだけど、ちょうどそのときEMLLとUWAの対抗戦をやっていて、俺が16時くらいに会場入りしたら邦昭がいるんだよ。あっちも俺の顔を見て、「えっ、なんで来たんですか？」って言ってて。邦昭もいいヤツで、まだ右も左も分からない俺に「ウチのアパート、ベッドが4つあるから来ませんか？」って言ってくれて。それで転がり込んでさ。

ガンツ　ほかの日本人がいると全然違いますよね。

高杉　そりゃ違いますよ。心強いし、話もできるし。外国に行ったら日本語がしゃべれないもん。

「新日本はタイガーマスクが空前の大人気でしょ。全日本も日本テレビも焦って、それで出てきたのがウルトラセブンですよ」（高杉）

ガンツ　その流れで新日本に行こうとは考えなかったんですか？

高杉　あったんですよ。邦昭は俺が小鉄さんのファンクラブをやっていたっていうのも知っていたし。それでちょうど、エル・トレオで新日本の中継があって。猪木さんをはじめみんな日本から来たんですよ。

ガンツ　UWAと提携していたから、ちょくちょくメキシコからの放送があったんですよね。

高杉　俺はその日、アレナ・コリセオで試合だったんだけど、トレオまで近いから試合後に行ったらさ、邦昭が「高杉さん、山本さんとメシを食うんで来ませんか？」って、俺を連れて行ってくれてね。

玉袋　虎ハンター、いい人だな〜。

高杉　それでウエルタっていう女がいっぱいいるところで飲んでさ。そこに古舘伊知郎とかテレ朝の関係者も来ていたよ。そこで山本さんと話をさせてもらおうと思ったら、山本さんはパッと女を決めて、すぐに行ってしまったんだよ。それと古舘伊知郎、あれもスケベだね。とっとと決めてホテルに帰ったらいいのにさ、「どれにしよっかな〜」って（笑）。

玉袋　いいねー（笑）。

高杉　浜田なんかはズルいよ。「じゃあ、俺は先に帰るから」ってパッと帰っちゃって、そこの支払いを邦昭が全部払ったわけ。「なんだよ、俺が払うのかよ。ふざけんな、コノヤロー！」って。それで邦昭がヒロ斎藤に「おまえも半分出せ！」って。それから邦昭が「山本さんの部屋に行きましょう！」って言うんだけど、「だってホシを取って行ったじゃん」って言ったら「いやいや、あの人は10分で終わりますから」って（笑）。

玉袋　10分1本勝負だよ〜（笑）。

高杉　それで山本さんの部屋に行って話をしてさ。そのときに誘われたんだよ。「高杉、どうするんだ？」って。それで「いちおう馬場さんと約束したので、全日本に行こうと思っています」って言ったら、「バカ！　いま全日本は厳しいぞ」とかいろいろ言われて「ウチに来いよ！」って言うからさ、あのとき新日本に行けばよかったよ（笑）。

ガンツ　新日に行けばジュニアも充実していたし、はぐれ国際軍団に加入という道もあったし。

高杉　その後、メキシコに3カ月いて、いったん日本に帰ったんですよ。日本の着物とかガウンが向こうではウケるから、着物を何着か買おうと思ってさ。そうしたら元国際のフロントで全日本に入った人から連絡をもらって、「馬場さんが後楽園に遊びに来いって言ってるから」って言うんで行ったんですよ。それで馬場さんに挨拶したら、「明日から試合に出ろ」って言われてさ（笑）。「メキシコに試合道具を置きっぱなしなんですよ」って言ったら、「いつでもいいから上がってくれよ」って。

ガンツ　全日本はちょうど大仁田さんを売り出そうとしていた時期で、ジュニアヘビー級に力を入れようとしていたんですよね。
高杉　そうそう。それでかたや新日本はタイガーマスクが空前の大人気でしょ。それで全日本も日本テレビも焦っているからさ。
ガンツ　同じようなことをやれと。
高杉　それで出てきたのがウルトラセブンですよ（笑）。
ガンツ　セブンは高杉さんのアイデアだったんですか？
高杉　そうですね。
玉袋　まあ、ウルトラマンは新日本に上がっていたもんな。
ガンツ　メキシカンだから治外法権という感じで（笑）。
玉袋　全日本にはスター・ウォーズもいたもんな。C－3POとR2－D2が。
ガンツ　ロボットC－3とロボットR－2ですね（笑）。
玉袋　ウルトラセブンをやるとき、円谷プロとの権利関係とかは大丈夫だったんですか？
高杉　けっこう大変でしたよ。だから最初は「ウルトラ7」っていう名前でね。
ガンツ　なるほど。「セブン」を「7」の表記に変えて。
高杉　そう。訴えられたときに勝てないでしょ？

「カルガリーハリケーンズの3人が来たことで全日本はレスラーが飽和状態になって、俺と剛とアポロがクビ切られたからね」（高杉）

ガンツ　そもそも『ウルトラセブン』はＴＢＳで、全日本は日テレとテレビ局も違いますしね。
高杉　当時、日テレから出向で来ていた松根さんという全日本の社長が円谷プロに何度も行ってね。それで後楽園での試合に円谷プロの人が7人くらい観に来たんだよ。そのとき、俺がチャボ・ゲレロと組んで、大仁田&佐藤昭雄とやったのかな。それがいい試合だったのよ。客も沸いてさ。そうしたら円谷プロの人が「いやー、ウルトラマンはダメだったけど、セブンは強くていいですね」って言ってくれたみたいで、それでオッケーが出たんですよ。
玉袋　へえー、すごーい！
ガンツ　でも高杉さんは、馬場さんから「来てくれ」って言われて全日本に行って、ウルトラセブンというキャラクターも苦労の末にオッケーをもらったのに、マッチメイクでのプッシュが凄く短かったですよね。
高杉　俺は外様だからね。馬場さんのところの選手じゃないからっていうのが絶対にあったと思いますよ。
玉袋　それはあるんだろうな。

高杉　そもそも馬場さんの売り出し方っていうのは、大仁田は海外から帰ってきてすぐ上にあげたけど、渕（正信）なんか3～4年前座のままだったじゃん。

ガンツ　渕さんは二代目タイガーマスクがヘビー級に転向して、小林邦昭、ヒロ斎藤が新日本に戻ってから、ようやくベルトを巻けた感じでしたからね。

高杉　薗田だって結局ベルトを1回も巻いていないでしょ。

玉袋　越中（詩郎）さんもそうか。

高杉　越中はメキシコに出されたまま放っておかれたから、新日本に行っちゃったでしょ。

ガンツ　半ば捨てられたような感じだったんですよね。

高杉　あのとき、俺はちょうど2回目のメキシコ遠征に行ったんですよ。それで向こうで越中とも会ったんだけどさ、一緒に行った三沢はタイガーマスクになるから3カ月で日本に戻されたんだけど、自分は見捨てられた状態だからメキシコで腐っていてね。話をしたら、もうこぼすこぼす。それで俺なんかも焚きつけてさ（笑）。

ガンツ　高杉さんが移籍を焚きつけたんですか（笑）。

高杉　だって当時の全日本は海外に捨てられたのが何人もいたんだから。伊藤正男さんとかさ。

ガンツ　ターザン後藤さんだってそうですよね。

高杉　あれも大仁田がＦＭＷを作っていなかったら、行方不明のままだったよ。

ガンツ　高杉さんは二度目のメキシコ遠征のあとは、ラッシャーさんの国際血盟軍入りをしたんですよね。

高杉　そうです。だけど本当は長州軍団に入るはずだったんですよ。

ガンツ　そうだったんですか!?

高杉　邦昭から電話が来て、「長州が連絡ほしいって言ってるから電話してあげてよ」って言われてさ。それで帰国後に電話したら、長州が「そんなの知らない」「いちおう馬場さんに許可を取らないと」とか言いやがって。

ガンツ　おそらく当時、ジャパンプロレスはＴＢＳを付けて独立しようとしていたので、カルガリーハリケーンズとかＵＷＦを取り込んで選手をたくさん集めようとしていたんだけど、それが頓挫して、選手を集める必要がなくなっちゃったんでしょうね。

高杉　それで結局、カルガリーハリケーンズの3人が来たことで、全日本はレスラーが飽和状態になって、俺と剛とアポロがクビ切られたからね。俺はジム経営がうまくいっていたから、馬場さんに「また呼ぶから、ちょっと休んどけ」って言われて、「まあ、いいか」って感じだったんだけど。アポロなんか泣いてたよ。

玉袋　そこが外様のつらさだな～。じゃあ、もう少し国際の話を聞かせてもらいたいんですけど、ストロング小林さんとは接点はなかったんですか？

高杉 俺が入ったときはもうとっくに新日本に行っちゃっていましたからね。でも俺が大学生のときに猪木vs小林をやってたんで、あの伝説の一戦を蔵前で生で観ているんですよ。

玉袋 お～、あのジャーマンを。そのときはどっちを応援してたんですか？

高杉 そりゃ猪木ですよ！

ガンツ ファン時代はそりゃ猪木だと（笑）。

高杉 あのときはウチの弟とか近所のプロレス狂を数人誘って、みんなで行ったんだよ。「世紀の一戦だ！」って言ってさ。それでウチの弟もプロレスに詳しいんだけど、試合が終わったあとに「いやー、兄貴。小林のほうが強かったね」って言ってたよ。

玉袋 おー！

高杉 「猪木を押してたよ。あれはガチンコだったら小林のほうが強いよ」って。国際の選手はやっぱり強かったよ。だって身体も全然違うもん。

玉袋 まあ、デカイですよね。

高杉 吉原さんが育てた選手だからね。猪木さんも強かったけど、やっぱり細かったから。

「俺は国際プロレスファンでよかったですよ。国際がすすきのでやっていた国際亭に行ってみたかったな～」（玉袋）

ガンツ ウェイトトレーニングの知識が、国際のほうが進んでいたんでしょうね。

玉袋 それはあったかもな。

高杉 それと国際はシリーズが始まる前の合同練習でも、最初にスクワットや腕立てなど基礎運動を全部やって、それから1日目はリングに上がってセメントをやらせるんですよ。

玉袋 シュートのスパーリングですか。

高杉 そして2日目は相撲の稽古。（ラッシャー）木村さんとか相撲出身者がいたから、リングでぶつかり稽古をやる。それで3日目は草津さんが打撃が強いんで、グローブをはめてボクシングの練習。だから草津さんの息子はK－1に行ったでしょ？

ガンツ あっ、そういうことだったんですか。

玉袋 国際はいまの総合格闘技みたいな練習をみんなやっていたんだな。

高杉 草津さんは寝技はあまり強くないけど、殴り合ったら強いよ。だからケンカをさせたら木村さんよりも草津さんのほうが強かったと思う。木村さんが組みつく前に草津さんが2、

3発入れたら、さすがに倒れるだろうから。
ガンツ　なるほど。
高杉　草津さんも運動神経がいいから。ラグビーをやっていたんで敏しょう性が凄いもん。
玉袋　この変態座談会シリーズで、初めて草津さんの株が上がったよ（笑）。
ガンツ　これまで元・国際プロレスの選手に話を聞くと、だいたい草津さんの酒癖の悪さばかりでしたからね（笑）。
玉袋　これは新証言が出たな（笑）。
高杉　だってあの人も国際ができて最初の1、2年はよかったよ。ルー・テーズには負けたけど、それからがんばってさ、イギリスの三冠を獲ったりしたからね。西部、北部、中部のタイトルを巻いてさ。
玉袋　三連単だよ（笑）。
高杉　いまは相手をロープに振って、戻ってきたところにドロップキックをするじゃないですか？　草津さんは逆に自分がロープに投げられて跳ね返ってきたところでドロップキックを放つから。あれは客もワーッとなったよね。
ガンツ　草津さんの巨体でそれをやるって凄いですね。
高杉　ラグビーをやっていて足腰がいいからできたんだろうね。
玉袋　草津さんは、コブラツイストも普通とちょっと違うんだよな。相手の片足を持ち上げながらやるっていうね。学校でプロレスごっこをすると、普通のコブラツイストは全然痛くねえんだけど、友達が「草津固めだ！」って草津さん式のコブラツイストをやるとすげえ痛えんだ。草津固めはやべえ（笑）。
ガンツ　「草津禁止」みたいなローカルルールができたりして（笑）。
高杉　やっぱり草津さんも研究したんだろうね。
玉袋　そのかたわらで、草津さんはコンドーム販売で儲けているんだからな。
高杉　コンドームを売ったあとは、温水洗浄便座ですよ（笑）。
玉袋　ウォシュレットも売っていたんですか！
高杉　俺、草津さんから10台買って知人に売って歩いたよ。10台買ったら1台くれるから（笑）。
玉袋　それはマルチ商法ってやつですね（笑）。
高杉　でも、あの頃は1台で13万くらいしたからね。ただ、すぐぶっ壊れるんだよね。
ガンツ　初期はそうだったって言いますよね。
高杉　1年ぐらい使ったらぶっ壊れるんだよ。俺は買ってからジムに付けたり、自分の家に付けたりしたんだけど、草津さんの家に遊びに行ったらてめえの家には付いていないんだよ（笑）。「これはいいものだ」って散々すすめてきたのに、てめえの家についてないってどういうことよ!?
玉袋　いいねー（笑）。今日は草津さんも草葉の陰からよろこ

んでいるよ。

ガンツ　ようやく草津さんのいい話が出てきましたからね（笑）。というわけで宴もたけなわですが、そろそろ2時間が経つので締めに入ろうと思います。やっぱり国際プロレスの話はおもしろいですね。

高杉　国際は楽しかったもんね。給料が出なくなる前までは（笑）。

玉袋　俺も国際プロレスファンでよかったですよ。いまだにDVDを観ちゃってるし、酒が進むんだよな〜。

高杉　国際も羽振りのいい頃は、札幌大会なんかやると儲かってしょうがないから、すすきののど真ん中に100人くらい入る焼肉屋までオープンしていたからね。国際亭っていう。

玉袋　国際亭！　行きたかったな〜（笑）。

高杉　国際の営業だった貫井兄弟の兄貴が焼肉屋を担当してやっていたんだけど、アイツは人がいいから知り合いが来るとカネを取らないんだよ。それで潰れちゃった（笑）。

玉袋　勝新と一緒だよ！（笑）。それはアントンリブより凄いな。いやー、やっぱり国際プロレスは最高だ！

自己投影観戦記 できれば強くなりたかった

第117回

パティ、VTJ2021、カネロと人工知能

椎名基樹

椎名基樹（しいな・もとき）1968年4月11日生まれ。放送作家。コラムニスト。

人工知能が自我を持ち人類に牙を剥く。SFの定番ストーリーである。しかし実際には、人工知能は人類を憎む反乱者ではなく、手揉みしながら商品を売りつける、手練のセールスマンだったようだ。

スマホをいじっていると、私好みの情報が次々と目に飛び込んでくる。スマホは、私の物欲、趣味趣向、性欲、心配事を受け止め蓄積する壺だ。私のことをもっともよく知る彼（声は女だから彼女か？）の提案が魅力的でないはずがない。

Facebookを眺めていたら、イギリスの総合格闘家のハイライトリールが映し出された。名前は、パディ・ピンブレットと言うらしい。童顔で高校生のようだ（実際は26歳）。前髪パッツンの金髪ロングヘアーがイギリスのモッズ系ロックバンドを連想させる。出身はリバプール。

ブラジリアン柔術黒帯で寝業師らしい。飛びつきの三角絞めなどをバンバン極めていく。打撃全盛の、そしてリスク回避の戦術が完成されているMMAの中で、ユニークでリスキーな闘い方が魅力的だ。さらになんだなんだなんだ？　桜庭和志モデルのオレンジのショートスパッツを履いているぞ。これを見ただけで彼の志向するファイトスタイルがわかるというものではないか。

ファイトスタイル以上に魅力的なのが、その底抜けに明るいキャラクターである。童顔の中にある目をキラキラと輝かせながら満面の笑みで入場する。勝利すると、子どものようにはしゃぎながら金網を越えて観客席に飛び込んでいく。観客は友人のように親しげにもみくちゃにする。会場一体となってのパディコールは感動的だ。これぞピープルズチャンピオン。9月にUFCデビューしたばかり、コナー・マクレガーに続いてスーパースターになれるだろうか。

Googleアプリを立ち上げたら、堀口恭司が3人の注目ファイターの名前を挙げている記事が目に入った。そのうちのふたり、西川大和と平良達郎、さらに先月このコラムで書いた宇佐美正パトリックが、11月6日に行われたVTJに出場した。大変印象的な大会だった。この大会は新たな日本のMMAシーンの始まりの暁鐘となる予感がする。

この日の主役は18歳の修斗世界チャンピオン、西川大和だったかもしれない。本来は外国人選手と闘う予定であったが、それが流れ、格下の日本人選手との対戦となった。背中に飛び乗ってスタンディングの裸絞で見事に1R一本勝ちした。

そして試合後、マイクを取って放送席で解説をしていた青木真也に対戦要求。怒っ

た青木は金網の中に飛び込み、西川にエルボーを見舞った。「誰の名前を出してると思ってるんだ。簡単に出していい名前ではないんだよ。こんなインディーな場所ではやってられない。それ相応の場所を用意しろよ」と非常にトンチのきいた素晴らしいマイクパフォーマンスで、青木真也は対戦を受諾した。38歳vs18歳！ これは観に行かなくては。

西川大和は18歳ながら、試合後のマイクで自分の言いたいことをきっちりと観客に伝えていて感心する。訥訥としていながらも、理路整然と話す姿が、ルックスも相まって四千頭身の後藤拓実を連想させた。それもまた西川が新世代であることを強調しているように思えた。西川大和を総合第7世代と命名。

メインを務めたのは、21歳の修斗世界王者、平良達郎。パラエストラ沖縄所属。凄い時代だ。道場主の、元修斗王者の松根良太が沖縄出身だったのか。師匠の松根、弟子の平良とも21歳でチャンピオンになった。

平良は、メインの試合で外国人選手を相手に、右ハイキックから、右ストレートパンチのコンビネーション（？）でダウンを奪った。非凡だ！ 最後はダウンした相手を、そのまま裸絞めで一本勝ちしてみせた。

平良達郎もまた、マイクパフォーマンスがきっちりとできる。礼儀正しく、観客、プロモーションなどにしっかり忖度して素晴らしい。甲高い声で、話すと少し沖縄訛りがある。その話し方が甘いマスクと相まって、女性的でエレガントでいまどきのアイドルっぽいしゃべりに感じる。この日、マイクでUFCを目指すと宣言した。沖縄在住のままUFCで活躍できたら素晴らしいなぁ。

第1試合を務めた宇佐美正パトリックの試合は非常におもしろかった。ボクシング高校六冠の宇佐美の対戦相手は空手がバックボーンで、さながら異種格闘技戦の風情があって興奮した。ガードを下げて、足を前後に大きく開いて、前後にステップを刻みながら、空手の遠い間合いから飛び込んでくる対戦相手に、序盤、ボクサー・宇佐美は立ち技で主導権を握られた。ボクシングの猛者でも違う間合いでは、こうなるものかと興味深く感じた。しかし最後は、左ボディアッパーというじつにボクシングらしい打撃を効かせて、宇佐美は勝利した。ある意味非常に総合らしい試合でおもしろかった。

今月は、ボクシングのスーパーミドル級で、4団体を統一した、サウル・カネロ・アルバレスの試合があり、格闘技に彩られた1カ月だった。最後はきっちりと対戦相手を倒して、4団体を統一してみせたカネロには興奮した。いいもの観た。歴史を目撃だ。

この試合観たさに、ふたたびWOWOWに加入した。いつの間にかDAZNからカネロが離脱しているんだもん。サッカーのチャンピオンズリーグ、ヨーロッパリーグ、そしてカネロと、私にとって重要なコンテンツがどんどんとなくなっていくなぁ。とりあえず来月は私のもっとも好きなボクサー、テレンス・クロフォードが試合をするので、そこまではWOWOWには入っておこう。ABEMAは正直、修斗関連以外、興味はないなぁ。観ない放送局にお金を払い続けるのってなんだか悔しい。しばらく入会を続けて、あとでもう一度観直そう。

今回、結局、インターネットからのレコメンドにそそのかされて、WOWOWもABEMAも入会しちゃったんだよな。恐るべし人工知能。そそのかされちまうよ。

「河本のセリフ減少問題」と
「井口のチンコ画像流出騒動」に言及！

ウエストランド（井口浩之＆河本太）

めちゃくちゃ漫才が好きとか
一生やっていきたいっていうことじゃないんですけど、
爆笑問題さんが毎回新ネタをやっているんで、
こっちも一生やるしかないです。
それとM-1の借りはM-1でしか
取り返せないっていうのがあるんで

収録日：2021年11月12日
撮影：保高幸子
聞き手：大井洋一　構成：井上崇宏

ここ数年「最近オススメの若手は誰ですか?」って聞かれたら、ずっと「ウエストランド」って答えていたんです。10年ぐらい前に『ABCお笑いグランプリ』の予選で見たとき、めちゃくちゃおもしろくて「あ〜、近いうちに売れるんだろうなぁ〜」と思っていたんですけど、待てど暮らせど全然売れてこないんで、なんだか最近では腹さえ立ってきました。いろんな人に「いいコンビですよ」と言っちゃった手前、引くに引けないし、自分の感性も不安になるから、そろそろ世に出てくれないと困るんです。(大井)

「同郷にB'zの稲葉さんがいるっていうのが、子どものときから刷り込まれているのはあるんじゃないかな」(井口)

——この『KAMINOGE』の編集長も岡山出身なので、おふたりの登場に胸を躍らせているんですけど、その感覚が東京出身のボクにはよくわからなくて(笑)。やっぱり同じ岡山出身の芸人を意識したりするんですか?

井口 意識っていうか本当に増えたなとは思いますね。ボクらが芸人をやり始めた頃は次長課長さんがいて、千鳥さんがいてっていうくらいだったんですけど。

——その頃はまだ千鳥も売れていなかったでしょ?

河本 まだ大阪にいましたからね。

井口 だけどいまは急に岡山出身が増えてきたんで。去年のM-1決勝に3組もいて、ボクらふたりと東京ホテイソンのたける、見取り図のリリーさんとか。『キングオブコント』だとハナコの秋山(寛貴)くんもそうだし、かが屋の加賀(翔)、空気階段の(水川)かたまり、蛙亭の中野(周平)とかって、めちゃくちゃ急に増えてるんですよ。

——いまのお笑いの世代は、だいぶ岡山が占拠しているんですね。

井口 そうなんですよ。どこに行ってもいるんですけど、ただ、田舎あるあるっていうか岡山っていうのでひと括りにされても、出身地がバラバラなんで共通の話もないんですよ。

——おふたりは津山市の出身ですよね。

井口 そうです。岡山って結局は岡山市と倉敷市だけがデカくて、あとはめちゃくちゃ田舎なんで。ボクらとかはその中でも超田舎ですし、とにかく岡山市と倉敷市の人からバカにされるような立ち位置ではあるんで、同じ岡山と言っても話は合わないですね(笑)。

——しかし、その津山市からもスターがいるんですもんね。

井口 B'zの稲葉(浩志)さん。本当に津山はそれしかないんで、もう駅を降りた瞬間にB'zの巨大看板があって、観光のメインも

「稲葉浩志君の想い出ロード」っていう、ただマップを見ながら稲葉さんの生家や出身校をチャリで回るってだけなんですけど（笑）。

——アハハハハ！

井口　だけど、そんなスーパースターがいるっていうのが、子どものときからべつに意識しているわけではないのに刷り込まれているのはあるんじゃないかなって。めちゃくちゃ田舎なのに、ボクらの中学の同級生が宝塚の娘役でトップになっていたり、高校の1個上の先輩はモデルをやっていてケツメイシと結婚したり、1個下の後輩はグラビアをやっていて袴田吉彦さんの元嫁ですし。ボクら世代は一旗揚げてやろうっていうか、「こんな超田舎からでも世に出られるんだ」っていう気にはなっているると思うんですよ。

——稲葉さんってとんでもない影響力なんですね（笑）。

井口　そんなレベルの田舎なんで、本来ならたとえ行っても大阪まででしょうし、そもそも芸能をやろうなんて思わないんじゃないですかね。

——おふたりは大阪じゃなくて東京に行ったんですよね。

井口　やっぱ岡山って関西弁でもないんで、それも難しいだろうなって思いましたし。

——でも、わりとみんな大阪に着地するわけじゃないですか。千鳥にしろ、見取り図のリリーさんにしろ。

井口　ボクらが観ていたのが『吉本超合金』とかで、FUJIWARAさんとかめちゃくちゃおもしろくて。岡山のいいところは関西のテレビも東京のテレビも全部観られるんですよ。それで超合金とかを観ていて、関西ではスーパースターの人でも東京での番組を観ると本当にゼロからなんだと思ったら、「最初から東京に行ったほうがいいんだろうな」っていう。あと大阪は吉本じゃないですか。「なんか怖いな」っていうのがあって。

——そこで岡山の田舎の血が出たんですね（笑）。

井口　やっぱり怖いなって思いましたよ。「埋もれるだろうな」っていうのがありましたし。

——そして東京に出てきて、お笑いの事務所の選択肢ってたくさんあると思いますけど、どうしてタイタンだったんですか？

井口　ボキャブラブームの頃が中学生で、ボキャブラってタレント名と一緒に事務所名も出ていたんですよ。「爆笑問題（タイタン）」とか。それで「タイタンってなんだろ？　人力舎っていうのもあるんだ？」って最初はよくわからなかったんですよ。それで観ていて爆笑問題も好きだし、あとは単純に養成所に行くお金がないので、養成所に行かなくても入れるところっていうので。

——それでオーディションを受けて。

河本　まあ、ひと通り受けましたけどね。

井口　最初にタイタンを受けて落ちて、受けられるところは受けたけど全部落ちてますから。それでもう1回タイタンに行ったら、たまたま若手を採るっていうタイミングで運よく入れたっていうだけなんで。

「セリフが減っていくことで凄く気楽になったというか、現場に行く足取りが凄く軽くなりましたね（笑）」（河本）

——タイタンはオーディションに合格したら、「じゃあ、所属ね」ってなるんですか？

井口　いや、最初は『TITAN LIVE』っていう爆笑問題さんや豪華なゲストの方が出られているライブの中の若手コーナーの1、2枠を目指して、すでに事務所に入っている人もオーディションを受けに来るんですよ。それこそラバーガールさんとかギースさんとか。あとはサンド（イッチマン）さんとかも来ているようなやつなので、当然ボクらなんかは箸にも棒にもひっかかるわけがないみたいな感じだったんで、もちろん落ちて。それで1年くらいライブに出まくって「もう1回行ってみるか」ってことで行ったら、ちょうどそのときに『TITAN LIVE Rhea』っていう若手のライブをやりますので、もしよかったらそれに出ませんか？」っていう話をいただいて、ボクらとエレキテル連合がそこでたまたま出られることになって。本当にタイミングですね。

——それでタイタン所属っていうことですか？

河本　いや、そこからライブに出て半年ぐらいかかるんですよ。

井口　半年して「じゃあ、あずかりね」っていう感じで。タイタンが若手を採り出したのもそこからですね。

——タイタンでよかったなって思います？

井口　そうですね。いまになっていろいろと思うことは「劇場があるのはデカいな」とか。ただ、吉本の人とそれ以外の事務所の人との違いって、ライブのことを「仕事」って言うのは吉本だけで、それはお金がちゃんともらえるからなんですよね。ほかって事務所ライブでお金をもらえることなんてないから、ライブに呼んでいただくのはありがたいですけど、もらえるのは交通費くらいしかなくて。ちゃんとネタだけで食っていく道は吉本しかないんだなって思いますし。

——でもM−1用にネタを書かなきゃいけないっていうときに、自前の劇場があったほうが回数をこなせるっていうのはありますよね。

井口　やっぱり吉本の芸人さんみたいにテレビのお仕事とかに呼んでいただいたりしていると、ライブが月ゼロとかになっちゃうんで、そこはかなりのアドバンテージだなって思いますね。

——口数が少なめの河本さんも、そういうことを感じるんですか？

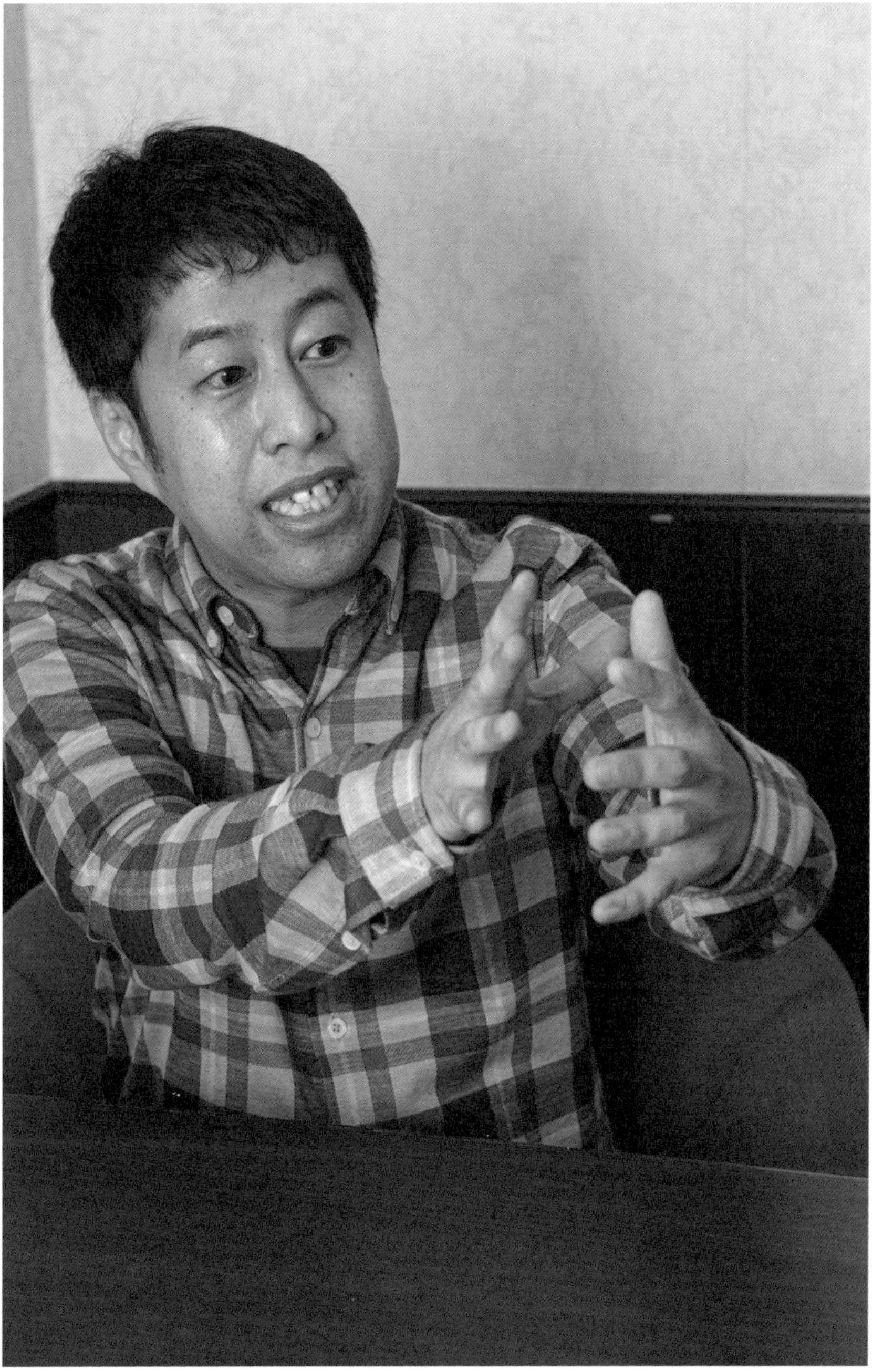

河本　何も感じないですね。それとボクは口を開くと間違えたことを言っちゃうんですよ（笑）。

井口　自分たちのことなのに誤情報が多いんですよ。何も憶えていないくせになんかそれっぽいことを言いだすから。

――ウィキペディアレベルの正確さなんですね（笑）。

井口　いや、それ以下ですよ。だから厄介なんですよ。

――いまのスタイルになったのはずっと昔からですか？

井口　ボクはそれこそオンバト（『爆笑オンエアバトル』）が大好きで全部観ていて、アンタッチャブルさんとかがいちばん好きだったんで、最初は漫才コントみたいなのをしてまして。それでタイタンに入れることになって、芸人がいないんで1年も経たないうちにオンバトに行かせてもらったんですね。それで漫才コントをやったらオンエアになって、普通のファーストフードとかの設定とか、部活を辞めるヤツを止めるみたいなのをやって3連勝くらいしたんですけど、その他の民放のネタ番組には何も受からなくて。

――オンバトだけで評価されていた。

井口　それで「何がいけないんだろうな」って悩んでいたときに『爆笑レッドカーペット』のオーディションがあったんですよ。あれに出ている人を観たら、1分とかだから本当に自分たちの特徴のところだけやってるなと思って自分たちのネタを思い返したら、ボクがめちゃくちゃ長くつっこむっていうのがあったんで、「それを誇張してやってみるか」って感じになって。いま考えたら信じられないですけど、オーディションでコイツ（河本）にアドリブで一言だけしゃべってもらって、それにボクがわーっとつっこむみたいなのをやったら、「あっ、これいいじゃん。M－1とかでどこまで行ってるの？」みたいに言われて「今日初めてやったんですけど」みたいな。それでレッドカーペットに出られたんですよ。で、「これは鉄板を見つけたぞ！」と思って次のオンバトでそれをやったらめちゃくちゃスベりました（笑）。

――当時はどこでも通用するネタがなかったんですね（笑）。

井口　そんなときに漫才協会の漫才新人大賞が外部からも出られる時代で、初めて決勝に行かせてもらったらMCが爆笑さんだったんですよ。まだ全然お話もしたことがないくらいだったんですけど、爆笑さんにネタを見られるわけじゃないですか。そのときはネタを8分くらいやらなきゃいけなくて、そんなネタがないんで「しょうがないからあれやるか」みたいな感じで例のいっぱいつっこむやつをやったら、客席が「ざわ～……」みたいな。みんなうまい人の中でボクらがめちゃくちゃヘタクソな……。

――ノイズが入って（笑）。

井口　それでマネージャーさんから「ちょっとおまえ、太田（光）さんに感想を聞きに行けよ」って言われたんで「嫌だな……」と思って。その前に読んだ本で「若手は漫才が下手だ」みたいなことを書いていたし。それで「こんな感じですみません……」って言ったら「いや、めちゃくちゃおもしろいじゃん。いいじゃん」みたいに言ってくださったんで、「じゃあ、これでいこう！」と思ってそのとき賞レースだったTHE MANZAIで、もし落ちたとしても「太田さんはおもしろいって言ってました」みたいな保険があったんで、それでやってみたら認定漫才師に残れたっていう。

——それからはこの路線にしようと。

井口　もうコイツを気にしていてもしょうがねえみたいな（笑）。そこからどんどんセリフもなくなっていっちゃったかもしれないですね。

——セリフが減っていく河本さんは、どういう気持ちでやっていたんですか？

河本　凄く気楽になったというか。セリフが減って、現場に行く足取りが凄く軽くなりましたね（笑）。

「河本はいろんな意味がわかっていないんですよ。ウケたとしてもどういう理屈でウケているのかもわかってないんで」（井口）

——アハハハハ！　実務的に楽になったと（笑）。

河本　新ネタの台本を紙で渡されるんですけど、まあ覚えられないし、緊張するとすぐに飛ぶし。だからあの頃は凄く楽でしたけど、最近またたんだんとセリフが増えてきていて。

井口　増えてるって言っても知れてますけどね（笑）。よく喧嘩している若手のコンビとかを見ると、ネタを書いているほうがおいしくないようにしているとモメるんですよ。「俺が書いてるのに、なんでおめえはうまくやらねえんだよ！」って思っちゃうので。でもボクの場合は自分がおいしいセリフしか基本的にないので、そこは気にせず、あの頃なんてボクだけがおいしいネタでしたから。

河本　いまもずっとそうでいいんですけどね。

井口　ただ、それが通用しなくなってきたから。

河本　そういうわけにはいかないからね。

——河本さんも「もうちょっとこういうふうにしようよ」とか言ったりするんですか？

井口　これまで何度かあるんですよ。それこそ事務所を決めるときなんかも意見を言ってきたりするんですよ。

——意見を言うのはいいじゃないですか（笑）。

井口　ただそれが本当に間違えてるんですよ。それこそ「吉本に行きたい」とか急に言い出したり。「どうするんだよ、おまえみたいなのが吉本に行って。すぐに辞めることになるぞ！」って。

河本　自分でもカネがないのによく言ったなと思って（笑）。
井口　もっと言うと、けっこういかがわしい事務所というか、とある先輩の芸人とかが入っていたところがあるんですけど、ボクらも呼ばれてそこのライブに出ていたことがあるんですよ。そうしたら気に入られて「ウチの事務所に入るって言うまでは帰さねえぞ」みたいなことがあって。
——そんな昔のヤクザまがいの事務所があるんですね。
井口　そういうヤバい感じのところだっていうのは先輩とかにも聞いていて、「絶対に断らなきゃダメだよ。本当にやめておいたほうがいい」みたいな。だからボクらが呼ばれて行ったときに「絶対におまえ、『入る』って言うなよ？」って言って。そうしたら「そんなん、もちろんわかってるよ」と。それでいざ行って「おい、おまえら、ウチに入れや」って言われたら、「はい！」って即答するから「ウソだろ!?」って。
——河本さん、その「はい！」っていうのはどういう気持ちで言っているんですか？
河本　「これだけ言ってくれているんだったら……」と思って（笑）。
——熱意にほだされた（笑）。
河本　タイタンもいつ採ってくれるのかわかんなかった時期なんで、「だったら、これだけ言ってくれるほうへ……」って。
井口　本当に危ないところですよ（笑）。コイツはそういうことの繰り返しなので、意見は聞かないほうがいいし、まずいろんな意味がわかっていないんですよ。ウケたとしてもどういう理屈でウケているのかもわかってないんで。
——なんで芸人になろうと思ったんですか？（笑）。
河本　高校のときはまあまあ目立ちたがり屋ではあったので。
井口　まあ、たしかになんかおもしろい感じの気がしたんですよ。
——おもしろい感じの気がした（笑）。
井口　よくよく考えたら、テレビで観たやつのパクリをやっているだけでオリジナリティがゼロのまま13年経っているんですけど（笑）。でも、お笑いってそうではないじゃないですか。本当のプロって。
河本　芸人になってそれがバレちゃったんですよ。

「芸人を辞める度胸がないんですよ。芸人と一緒にいるのって、よそで働くよりかは楽しいですよね」（河本）

——じゃあ、お笑いの世界に飛び込んでみて、自分が想定していたものとはちょっと違うなって感じるんですか？
河本　こんなにムズいとは思わなかったですね。平場（ネタ以外の部分）ひとつ取ってもみなさん凄い技術でやられているじゃないですか。ボクらはいっさいそういうのができないんで。

井口　いまでもできないんですよ。

河本　かといってヘコむのかって言うと、こっち（井口）が全部やってくれるから。ネタもこういう感じだから、ボクはしゃべっていなくてもそんなに罪悪感もないというか。だからこっちを立てることにシフトしているっていう言い訳をしているんですけど（笑）。

井口　なんでおまえが司令塔みたいな感じで終わらせようとしてるんだよ（笑）。

河本　それで自分を騙しています。

――河本さんはご結婚されているんですよね？

河本　はい。結婚してます。

――「もう芸人は辞めようかな……」みたいなときもありました？

河本　M－1に行く前までは別居していて。

井口　ずっと向こうのご両親とかには「芸人を辞めろ」って言われているんですよ。

――別居していたっていうのは、家族を養っていけなかったからですか？

河本　まあ、そうですね。お金の面と「子どももいるのに、こんな状態でいつまでやってるんだ」っていうので出て行って。それで嫁と子は実家に帰っていたんですけど、M－1の決勝に行った年に戻ってきたんですよ。

――いい話ですね（笑）。

河本　いや、それはボクが就職したからなんですよ。マシンガンズの滝沢（秀一）さんがゴミ収集で就職されて、あれを見た嫁が「就職しろ」って言って。

――働きながら芸人をやる道もあるじゃないかと。

河本　それでたまたま知り合いが内装会社を立ち上げるっていうので、ボクは芸人になる前に内装会社で働いていたことがあったんで即戦力というか。しかも「芸人の仕事があるときはそっちを優先してもいいよ」っていう凄くいい条件で、いちおう固定給で就職して。それで嫁に戻ってきてもらったらM－1のファイナリストになって。今年はいちおうお仕事をちょこちょこいただけるようになったんで、内装会社はバイトみたいな感じにしてもらっているんですけど。ただ嫁からは、いまもずっと「芸人辞めろ」と言われている状態ですね。

――いまもですか。井口さんはそれを聞いてどう思うんですか？

井口　もう辞めるなら辞めるでそれはしょうがないですからね。そこはボクはなんとも言えないし、もっと言うとボクがカネをあげてますからね。ボクがピンでやった仕事も折半なんですよ。

河本　もうひとりのお父さんですね（笑）。

井口　だからこうして「カネがない」とか言われるのも嫌なん

だよ。

――カネをあげてるのに（笑）。

井口　ふざけんなよって（笑）。だってボクがピンの仕事をしているあいだはバイトをしているわけですから、ボクよりもカネはあるわけですよ。

――二重取りですよね（笑）。

河本　でも芸人を辞める度胸がないんですよ。楽しいじゃないですか、芸人って。

――やっぱり楽しいんですか？

河本　はい。一緒にいるのって。

――芸人さんと一緒にいることが楽しい？（笑）。

河本　楽屋とかに遊びに行ったりとか。芸人を辞めたら気をつかってなかなか遊べなくなるんじゃないかとかいろいろ考えちゃうんで、辞めたくはないんですよね。キラキラした世界ですし、よそで働くよりかは楽しいですよね。テレビのお仕事とか。

「ネタをやるって本当にしんどいですけど、爆笑問題さんが毎回新ネタをやっているんでこっちも一生やるしかない」（井口）

――反省をしたりもするんですか？

河本　めちゃくちゃします。

井口　するけど活かしはしないんですよ。数時間だけ「しゃべれなかったな」とは思うんでしょうけど。

河本　「今日もダメだったな」って（笑）。

――そこで井口さんが「もっとこうしてくれよ！」みたいな喧嘩にはならないんですか？

井口　最初は腹が立っていましたけど、「自分が日本一おもしろくなればなんとでもできるな」って考えるようにしたんですよ。そうしたら気持ちがラクになりましたけど、最近はいくらなんでもひどすぎるから、ボクじゃなくてまわりが怒り出しましたね。

――「おまえ、井口ががんばっているんだからもっとやれよ」とか。

井口　「なんだよ、河本！」みたいな層が沸々と。さすがにM－1決勝での体たらくを見て「俺だったらぶん殴るけどな」みたいな（笑）。

河本　まわりの先輩も最初はおもしろいからボクを褒めたりするんですよ。

――ボクもいまそんな感じなんだと思います。なんか持っていそうな感じを期待して話を聞いているんですが。

井口　でも、それも本当に一瞬ですね。

河本　通り過ぎていくんで。「あっ、なんもない！」って（笑）。

――「どうやらないぞ！」っていう（笑）。

井口　そう思うと、10年近く前はコイツがネタを書いてると思われている時期もあったんですけど。凄かったですもん。オンバトとか出ていた当時はツイッターとかがなかったんでアメブロをやっていたんですけど、「ツッコミのチビ、マジでつまんねえ」「ボケのヤツはいいけどツッコミがダメだ」とかっていうのがめっちゃ来たんですよ。そいつらにいまの姿を見せてやりたいですよ。「これだぞ！　なんにもないんだぞ！」って（笑）。まあ、コンビだけでやっているラジオとかはおもしろいんですけど。

――ふたりでしゃべっていると河本さんもおもしろいってことですか？

井口　もう究極の内弁慶っていうか、ほかの人がいるとまったくダメで。めちゃくちゃ緊張するか、綺麗な女性がいたらめちゃくちゃしゃべるかのどっちかなんで（笑）。だったら、子どもにしてみればいいお父さんをちゃんとやっていると思うんで、それを出したほうが時代的には合っているし、あとはキャンプが趣味だったり、それこそ内装をやっていたりだとか。でも、それをまったく活かしたりしないんで。

――まったくアピールもしないですもんね。

河本　これからですね（笑）。

――まあ、今年のM－1で結果を出さないとダメってことですかね。

井口　まあ、そうっスね。ボクとしてはめちゃくちゃ漫才が好きとか、漫才を一生やっていきたいっていうことじゃないんですけどね。

――でもコントよりは漫才ですよね？

井口　コントよりは漫才ですね。でもネタをやるって本当にしんどいじゃないですか。でも爆笑問題さんが毎回新ネタをやっているんで、こっちも一生やるしかないですし。

――できればネタをやらない存在になりたいと（笑）。でも「ネタをずっとやっていきたいんですよ」って言う芸人さんもいまは多いじゃないですか。

井口　みんな、いまそうじゃないですか。

――東京03もそうだし、それこそサンドさんもネタをやるし。

井口　みんなそうなんで大変ですよ（笑）。でも「去年のM－1でダメだった、その借りはM－1でしか取り返せないな」っていうのがあるんで。

――いま何年目ですか？

井口　13年目ですね。

――じゃあ、下からの突き上げとかもガンガンあるじゃないですか。

井口　そうですね。しかもボクらが決勝に行った姿を見たことによって「あっ、行けるんだな」っていう気になっていて、いま目の色を変えてやっているんですよ（笑）。

「（チンコ画像流出騒動は）M－1決勝に行ってもまだ消せないくらいのインパクトだったということなんですけど」（井口）

――やる気を出しちゃったわけですね（笑）。

井口　だから厄介なんですよ。変に火をつけちゃって（笑）。ただ、劇場のウケではまったく通用しないんで、今年思いついたのがM－1の予選でスタイリストさんから衣装を借りて、衣装でちょっと差をつけるっていう作戦に（笑）。

――なるほど。見た目を綺麗にすると（笑）。

井口　そうなんですよ。「おまえら若手とは違うぞ！」っていう感じで（笑）。その作戦でなんとか2回戦と3回戦は成功しましたけど、次はもうネタで行くしかないんで。でもコイツは2回戦も3回戦もいまのところネタを間違えているんで。

――ちゃんと間違えてると（笑）。

河本　噛んでるし、飛ばしてるし、声が小さいし（笑）。

井口　だから不安ですね。ネタがどうこうよりも「コイツ、言えるかな……」っていう余計な心配がありますね（笑）。

河本　どうしてもメンタルだけは……。人前は何年やっても慣れないですね。

井口　いや、もうメンタルとかじゃないんですよ。言っても4分なんていくら緊張していても走り切ったら終わるじゃないですか？　だからただ単に走っていないんですよ。もっとがんばれよ（笑）。

河本　難しいですね（笑）。

――アハハハハ。それで井口さんにはチンコの話を聞かなきゃいけないと思っているんですよ。

※2017年7月、ファンと名乗る女性からツイッターのDMに連絡が入り、何度かやりとりをしていく中で、相手から「何かムラムラしてきちゃう」というメッセージがくる。さらに女性が胸丸出しの画像を送ってきたことで、井口も相手の要望に応えて自身の局部の写真を送ってしまう。それからしばらくしてネット上にその局部写真が流出し、騒動となってしまった。

――あれは「終わったな」って思いました？

井口　思いましたね。いまこうやって普通に活動していることで「アイツのメンタルは異常に強いんじゃないか」っていう評価をされていると思うんですよ（笑）。

――いわゆるデジタルタトゥーというか、一度流出してしまったものは取り返しがつかないという風潮の中、意外ともうなかったことにはなっていますよね？

井口　そうなんですよ。まあ言っても売れてもいないし、文春とかに行ったわけでもないんで。ニッチな掲示板に載っているのを誰かがツイッターにあげたっていうくらいで、あのときボクは憔悴しきっていましたけど、いま考えたらファンとかが通報してくれたりとかいろいろやってくれていたんで、本当にみんなに感謝しなきゃいけないなって思っています。

――「あのときはありがとう」と（笑）。

井口　こないだ岡山の番組に呼んでいただいて地元に帰ったら、それまで帰ったときはべつに見向きもされなかったんですけど、いま行ったらみんなが「おかえりー！」みたいな。おばあちゃんとかが「観たわよ、『じっくり聞いタロウ』で〝いぐちんランド〟のやつ」って言ってきて、「地元のおばあちゃんも俺のチンコの話を知ってんのか!?」っていう（笑）。

――凄い浸透力ですね（笑）。

井口　「この歓迎ぶりはM-1効果じゃないんだ?」っていう（笑）。だからM-1決勝に行ってもまだ消せないくらいのインパクトだったということなんですけど、そのあとに（霜降り明星の）せいやがＺｏｏｍでやらかして、そっちは文春が動いて。

――かぶせてくれた（笑）。

井口　アイツは裁判をやっているんでズルいなって思うんですけど。裁判になってるから何もしゃべれないらしくて。

「あれがもし話題作りのための自作自演だったとしたらストイックすぎるだろ（笑）」（河本）

――表でそういう話ができないし、ネタにもできないってことなんですね。

井口　たぶんそうなんですよ。でも文春だからモザイクがかかっているわけですよ。モロが載ったわけではないじゃないですか。そんなのネットにモロのほうがキツイですよ。

――いぐちんランドは出ちゃっていますからね。井口さんのチンコが流出したときはボクらも『チャンスの時間』で「みんなで画像を探せ！」となったんですけど、なかなか出てこなくて。

井口　ないんですよね。

――だから一説には「自作自演の話題作りだったんじゃないか？」っていう話にもなったんですよ（笑）。

井口　そこまで頭が切れないですよ。たしかにあれでテレビにはいちばん出られたんですけど（笑）。

河本　もし、話題作りでやったならストイックすぎるだろ（笑）。

――ああいうのは親御さんはなんて言うんですか？

井口　あれが出て「どうしよう……」ってなったときにまずマネージャーさんに相談して、それで社長（太田光代）にも報告しに行かなきゃいけないとなって、マネージャーが電話をして「ちょっとこういうことが起きてしまって、井口から話があるんですが……」って言ったら、「なんだ、辞めるのか？」みたいになって「いや違います……」って答えたら「バカか、おまえ。いますぐ爆笑問題のラジオに行ってこい！」って。そのときちょうど爆笑さんのラジオの生放送があったんで、そこでネタにしろっていうことでラジオで言ったら、それをウチの親も聴いていたんでバレちゃったっていう。でも「爆笑さんにちゃんとお礼を言いなさいよ」みたいな感じでべつにそんなでもなかったですね。

――「もうチンコを出したらダメよ」とは言われなかったわけですね（笑）。

井口　そんな下ネタをガンガン言う家庭でもないんで（笑）。

――いま世の中では、いろんなものが流出して取り返しがつかないっていう方もいますけど、そういう方にはどういうメッセージがありますか？

井口　今後もどんどん進化していくとは思うんですよ。ボクのときはツイッターのＤＭとかでしたけど、せいやはＺｏｏｍじゃないですか。スマホが進化していったらなんだってできるようになっちゃって、それこそ行為を撮って流出させるヤツがいるかもしれないじゃないですか。

——じゃあ、「モラルを持って生きよう」と(笑)。

井口　LINEの会話とかでも誰だって恥ずかしいものってあるわけじゃないですか。あれが出たことをいじってくる人はいいですけど、「ほかにもなんかやってんじゃないの?」ってあのとき調子に乗って言ってきたヤツの顔はいまでも忘れないですね。「こっちはおまえのよからぬ行為も知ってるけどな! 黙ってやってるだけだぞ」みたいなのもありますし。とにかくいちばん大事なことは「人を信じすぎないこと」ですね(笑)。

——よかれと思ってチンコを送ったんですけどね。

井口　そうなんです。だから勘違いしている人がいて、写真をボクが送りつけてるみたいな。そうじゃなくてボクは被害者ですからね。「見せて」って言われたんで見せたら、それが流出させられちゃったわけなんで。

——それから「もう女性は信じられない!」みたいなことはないんですか?

井口　ありますし、今後もし女性と付き合うとしても、そのこととかを知られるわけじゃないですか。だから「もう結婚とかできねえや」と思いますね。あまりそういうのに固執するタイプじゃないからいいんですけど。

——ただ心を強く持っていれば、いつかかならず風化するぞと。

井口　本当にそう思いますね。最初は本当に嫌でしたけど、そんなのは気にしなくていいですよ。そんなことが起きてもM−1にも行けるし。そもそもチャンピオン(せいや)だって流出してるし、どっちかって言うと縁起がいいですよ(笑)。そう思って前向きに行くしかないですね。

——それでは最後に、最近「冗談じゃない!!」って思ったことはなんですか?

河本　それはモロにいま話したことだと思います(笑)。

井口浩之(いぐち・ひろゆき=写真左)
1983年5月6日生まれ、岡山県津山市出身。ウエストランドのツッコミ・ネタ作り担当。
河本太(こうもと・ふとし=写真右)
1984年1月25日生まれ、岡山県津山市出身。ウエストランドのボケ担当。

中学・高校の同級生で、2008年11月にコンビ結成。フリーで活動を開始し、オーディションライブからあずかり期間を経てタイタン所属となる。2013年4月に『笑っていいとも!』(フジテレビ)のレギュラーに抜擢され、最終回まで不定期で出演。2012年から3年連続『THE MANZAI』認定漫才師に選出される。2020年には初の『M-1グランプリ』決勝進出を果たした。

修斗も、新日本も、小川直也もいた。
格闘技界のトキワ荘
90年代後期の新宿スポセン伝説!!

KAMINOGE SPORTS CENTER

菊田早苗

[GRABAKA 総帥]

スポセンという公共の施設での練習に、
小川さんみたいな柔道の世界チャンピオンが来たり、
みんなその後は総合でトップになったり、
棚橋さんもプロレス界のトップ。
そこにお笑いの人たちも
いたっていうのがおもしろいですよね。
まあ、隣でやっていただけなんですけど（笑）

収録日：2021年11月1日
撮影：橋詰大地　試合写真：平工幸雄
聞き手：堀江ガンツ

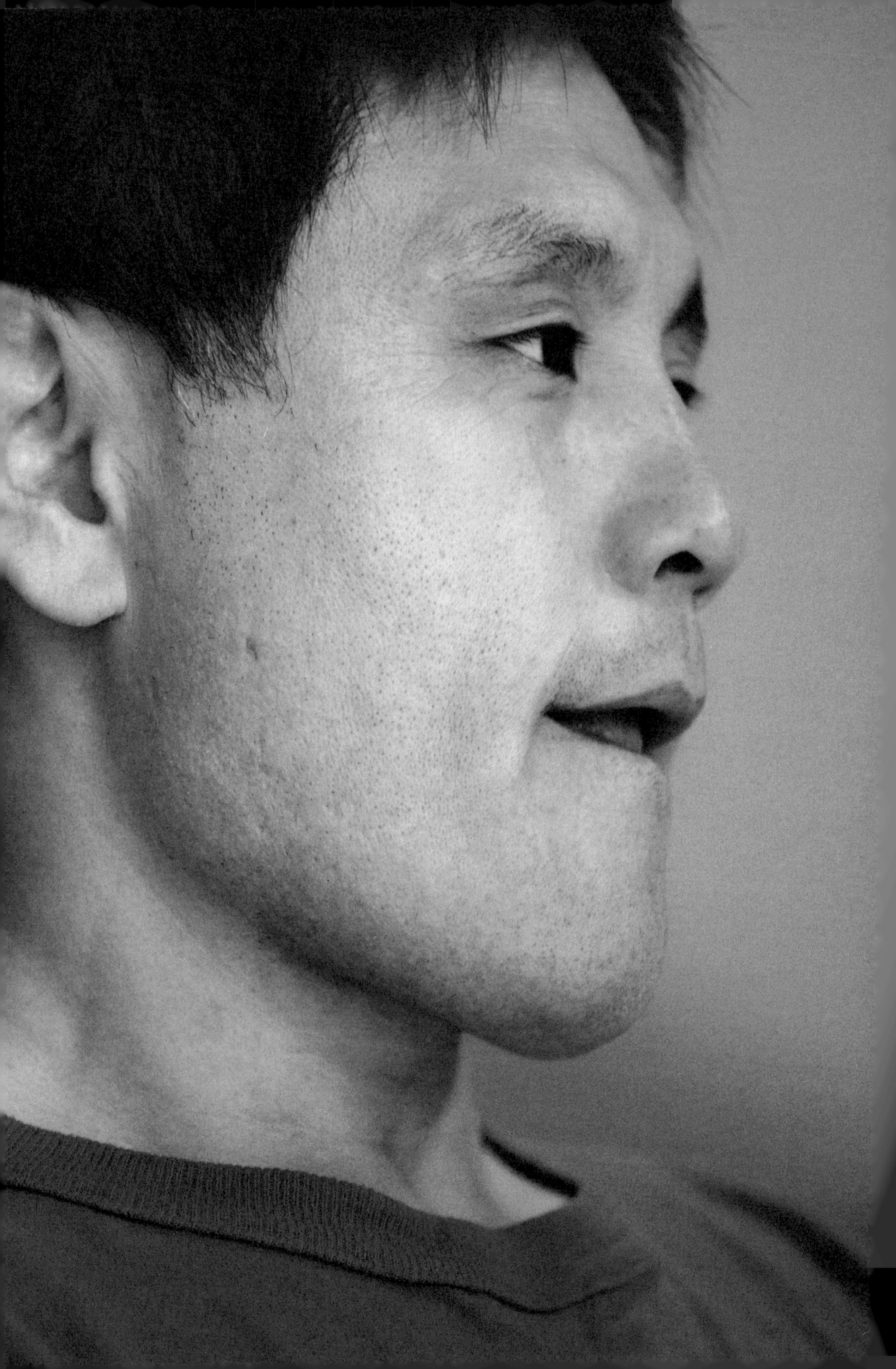

「当時お笑いの人たちは『ボキャブラ』に出ていてボクらは無名の存在。知名度的には圧倒的な差があった」

――『KAMINOGE』の118号でドランクドラゴンの鈴木拓さんのインタビューを掲載したところ、凄く反響があったんですよ。

菊田 へえ、そうなんですか。

――〝芸能界最強の男〟の狂気を感じるということで（笑）。菊田さんはグラバカを立ち上げる前、新宿スポーツセンター（スポセン）で、のちのGRABAKAのメンバーや修斗系の選手たちと合同練習をしていた頃から知り合いなんですよね？

菊田 そうですね。自分たちの道場がなかった頃で、たまたま近くで寝技が練習できる場所が新宿スポーツセンターだったんで、みんなそこに集まってたんですよ。そうしたらちょうど同じ時期に隣で寝技の練習している人たちがいて、それが鈴木拓さんたちだったんです。

――お笑い芸人グループが、なぜか寝技の練習を積んでいたという（笑）。

菊田 ボクは『ボキャブラ天国』を観ていたんで、「あっ、お笑いの人たちだ」ってすぐにわかったんですね。そのときにいたのが、古坂（大魔王）さんとか、アンタッチャブルの柴田（英嗣）さん、三又（又三）さん、スマイリーキクチさんとか。あとはビビる大木さんもいたかな。

――いま40代半ばくらいの芸人さんたちがメインで、当時は20代前半くらいですね。

菊田 年齢的にはボクらと同世代だったんですけど、当時まだボクらは無名の存在でしたから、知名度的には圧倒的な差があったんですよ。『ボキャブラ天国』に出ていた人たちでしたから。でも、古坂さんが大の格闘技ファンだったからボクらのことも知っていて、それでお互いに「練習しましょう」っていう、わけのわからない展開になったんです。

――プロ格闘家と芸人たちが、なぜか合同練習していたという（笑）。

菊田 あれは不思議でしたねえ。

――菊田さんたちは、芸人さんたちに技を教えていた感じだったんですか？

菊田 いや、スパーリングをしていただけです。練習相手が少なかったんで（笑）。それで練習後、一緒にご飯を食べたりとか。まあ、練習仲間みたいな感じですよ。

――そのとき、「芸能人とは思えないほどできるな」っていう人はいました？

菊田 いや、それはさすがにいなかったんじゃないかな。記憶がないですね（笑）。

——当たり前ながらプロと素人ですもんね（笑）。柔道やレスリングの経験がある人がいるとはいえ。

菊田　でも練習相手がいるだけでもありがたかったんで。あの頃、鈴木拓さんが佐々木（有生）くんに三角で絞められたりしたのは憶えていますね（笑）。鈴木さんは『ボキャブラ』に出ていなかったんで、まだ有名じゃなかった頃です。

——当時、スポセンに来ていた芸人さんでいちばん有名だったのは誰ですか？

菊田　圧倒的に三又さんですね。

——三又さんはジョーダンズ時代で、金八先生のモノマネでテレビに出まくっていた頃ですね。

菊田　そうそう、毎週ゴールデンで出ていたんで。あとは古坂大魔王さん。このふたりくらいかな。スマイリーキクチさんも『ボキャブラ』に出ていましたね。『ボキャブラ』に出ていた人はもう全国区なんで。彼らとは１９９７〜１９９８年くらいに出会ったと思うんですよ。だからボクの松井大二郎戦（１９９８年10月11日『ＰＲＩＤＥ・４』東京ドーム）のとき、古坂さんが入場花道の近くで応援してくれていたことを憶えていますよ。入場しながら「あー、ありがとうございます！」みたいな（笑）。

——当時、数少ない菊田応援団として、広いドームでもその存在に気づいて（笑）。

菊田　本当にあのときはブーイングが凄くて、誰にも応援されていなかったんで。

——あの頃は、ＰＲＩＤＥの会場もプロレスファンばかりでしたからね。

菊田　ボクなんか無名だったのに、『紙プロ』のインタビューでプロレス批判みたいな発言をしたら、妙に有名になっちゃって。あのとき、『紙プロ』の影響力を痛感しましたね（笑）。

——でも当時のスポセンに２０００年代の格闘技ブームの原点があったんじゃないかと思いますよ。

菊田　たしかにあのあと、みんな活躍をしましたからね。

『正道会館を離れたら業界から干されてしまった。でもリングスだけはそのお触れが届いていないのか出られたんです（笑）』

——というわけで、今回は〝スポセン幻想〟再検証ということで、当時の真実を語ってほしいんですけど。もともと菊田さんは、スポセンで練習し始める前は正道会館にいたんですよね。

菊田　そうです。正道会館を離れたあと、近所でたまたま見つけた練習場所がスポセンだったんで。

——正道会館はなぜ離れたんでしたっけ？

菊田　凄く短く話すと、平（直行）さんと一緒に正道会館で練習はしていたんですけど、所属ではなかったんです。これは佐々木（有生）くんも同じなんですけど、平さんが正道会館の看板を気にして、いきなりは入れさせないっていう感じで、ちょっと扱いが低かったんですよ。

――平さんと本間聡選手は正道会館所属の総合格闘家でしたけど、菊田さんたちはあくまで正道会館〝預かり〟みたいな。

菊田　そんな感じですね。だからボクは『トーナメント・オブ・J'96』にも「フリー」として出場して、平さんにはセコンドにも付いてもらえなかったんです。「負けたら大変だ」って。試合は観客席から観てましたね。

――常勝軍団・正道会館の看板に傷はつけられないと（笑）。

菊田　そこでちょっと切なさを感じちゃったんですよ。その後、ボクのプロデビュー戦であるバリジャパ（1996年7月7日『バーリ・トゥード・ジャパン'96』ムスタク・アブドゥーラ戦）では、セコンドに付いてくれたんですよ。要するに『トーナメント・オブ・J』でボクが優勝したことでいちおう認められたんでしょうね。ただ、その試合でボクは負けてしまうんです。そうしたら試合後、平さんから「これからはむやみに試合に出るのはやめろ」と。「柔術の道場を展開していくから、インストラクターをやってくれ」みたいに言われて。

――プロ選手というより、もうインストラクターに専念しろと。

菊田　そうなんですよ。ボクはプロになったばかりなのにそう言われて、絶望感を抱いてしまって。立場はフリーなのに「試合には出るな」って言われるのは納得いかなかったんで、「じゃあ、辞めます」ということになって。辞めるも何も所属すらしていなかったんだけど、それで正道会館を離れたら、業界から干されてしまったという（笑）。

――いまじゃあまり考えられないですけど、当時の格闘技界ではたびたびあったんですよね。団体や道場を辞めたら、ほかにも出られないという。

菊田　いまの選手なんか、「辞めます」って言ったあとに「お金は払うんで、練習だけ来たらダメですか？」とか、そんなレベルですからね。でもボクのときは総合を始めて1年で、練習場所が完全になくなりましたから。

――昔は〝破門〟みたいな感じだったんですよね。

菊田　だから正道会館を辞めたあと、本当は大道塾の『THE WARS』のメインで秋山（賢治）さんとやるはずで、カードも発表されていたのに横槍が入って潰されちゃって。いまは亡き東孝塾長にご迷惑をかけることにもなってしまったんです。

――それは平さんからの圧力だったんですか？

菊田　おそらくそうなんですよ。石井館長というよりは。

――平さんが連絡を入れると、「バックに館長がいるんだろうな」という、連想ゲームで忖度しちゃうところもあったんですかね。

fromA
fromA
fromA
SKY

菊田　まあ、そうでしょうね。その後、修斗の若林太郎さんの事務所に遊びに行ったら、ちょうどサステインの坂本（一弘）さんが来ていて、「そんなのウチは関係ないから。出せるようにするよ」って言ってくれたのに、いざ出ようとしたら「ごめん！」って言われて。そのときに本当にヤバいんだなって思いました（笑）。

――何か〝お触れ〟が出回っているぞと（笑）。

菊田　リングスだけはそのお触れが効かなかったのか、出られたんですけど（笑）。ブッカーK（川﨑浩市）さんに相談したら、「石井館長にちゃんと頭を下げに行ったほうがいい」って言われて、それで館長に挨拶に行かせてもらって、ようやくほかにも出られるようになったんです。

――仁義を通したことで、本当の意味でフリーになることができたと。

菊田　だから、あのとき川﨑さんに助けてもらって、石井館長に許しがもらえていなかったら、ボクの格闘技人生はどうなっていたかわからないですね。

――その後、平さんとはどうなったんですか？

菊田　そのあとは15年の時を超え、みんなで飲みに行ったりもしたし、べつにもう古い話なので特になんとも思っていないですね。平さん自身、そのあと正道を辞めてますからね（笑）。

――そして菊田さんは晴れてフリーとなったものの、練習場所がない中、たまたま見つけた施設がスポセンだったと。

菊田　本当にたまたま正道会館から歩いて10分のところにあったんですよ。めちゃめちゃ広い畳スペースが使えるところなんて都内でもめったにないから。それが近所にあったのはラッキーでしたね。

「柵橋選手とも一緒に練習をやっていたんです。その頃は関節技をやってみたいという気持ちがあったんでしょう」

――菊田さんが個人的に見つけたスポセンに、いろんな選手が集まるようになったのは、どういう経緯があったんですか？

菊田　もともと修斗のマッハくん（桜井〝マッハ〟速人）も（佐藤）ルミナくんも、正道会館に出稽古に来ていたんですよ。でもボクがいなくなっちゃったんで、ボクに合わせてスポセンに来てくれるようになったんです。ボクの実力を買ってくれていて、誰と練習したらいいのかっていうのでこっちに。

――菊田さんのいない正道会館に行くよりも、菊田さんがいるスポセンに行こうと。

菊田　そのうち本間さんまでこっちに来るようになって、わけのわからないことになったんですけど（笑）。

――正道会館に出稽古に行っていた人だけじゃなく、正道会館所属の人までスポセンに集結して（笑）。

菊田　それで噂を聞きつけていろんな選手が集まるようになって。須藤元気くんとかはまだデビューしていない素人時代に噂を頼りに「練習いいですか？」って参加してきましたからね。

――それで2000年ぐらいには、公共の施設であるスポセンに格闘技界のオールスターが集まるようになったわけですよね。

菊田　そうですね。あのとき、いろんな選手がPRIDEに出始めたじゃないですか。だから佐竹（雅昭）さんが来たりとか。

――佐竹さんは高田道場で練習したり、髙阪剛さんとアメリカのシアトルで練習していたイメージがありますけど、スポセンにも来ていたんですね。

菊田　あれはたぶん、ジャイアント落合さんが連れて来たんじゃなかったかな？　ジャイアント落合さんはもともと柔道出身で正道会館の平さんのところにいて、その流れで佐竹さんを連れて来たんだと思うんですよ。佐竹さんとつながっていましたよね？

――そうですね。佐竹さんと同じ「怪獣王国」の所属ですから。

菊田　あとほかには、新日本プロレスの石澤（常光＝ケンドー・カシン）さん、小原（道由）さんとか。あと、今は引退して新日本の社員になっている井上亘選手。彼も来てましたね。

――それは初耳ですね。どんなつながりで来るようになったんですか？

菊田　ちょっとよく憶えていないんですけど、格闘技路線で行きたいという考えがあったんじゃないですかね。たしか、棚橋（弘至）選手は井上選手が連れて来たんだと思うんですよ。

――えっ、棚橋選手も来ていたんですか!?

菊田　来ていたんですよ。一緒に練習をやっていたんです。

――棚橋選手はどういう理由で来ていたんですか？

菊田　井上さんが誘ったんですかね。理由はわからないですけど、その頃は関節技をやってみたいという気持ちがあったんでしょうね。

――そういう技術を身につけておかなきゃまずいっていう気持ちもあったんですかね。あの頃の新日本プロレスは、いつ格闘技路線をやらされるかわからない時代だったので。

菊田　多かれ少なかれ、当時の新日本の選手はそういう練習をしようとしていたんでしょうね。PRIDEに出た小原さんなんかはずっと練習に来ていましたし。柴田（勝頼）選手なんかもどっぷりでしたね。柴田選手はスポセンじゃなくて、GRABAKAのジムができてからだったかな？

――格闘家だけじゃなく、新日本のプロレスラーもけっこう来ていたんですね。

菊田　本当にいろんな人が来ましたよ。その中でいちばんの衝撃は、やっぱり小川（直也）さんだったな。

――〝小川直也スポセン伝説〟は有名ですよね。あのそうそうたるメンバーが寝技のスパーリングで誰もかなわなかったという。

菊田　いや～、本当に小川さんは衝撃でしたね。才能がずば抜けているんですよ。柔道界でもやっぱりそう言われていて、たしか高校1年で柔道を始めて、大学1年で世界選手権で優勝しているんですよね。

――そうですね。普通、ありえないですよね？

菊田　まずありえない！　でも柔道時代は身体が大きいから、力で勝っていたのかなとも思っていたんですよ。でもその認識は間違いだとスポセンでやってみてわかりました。もうセンスが全然違うんだって。

「おそらく小川さんは、当時アントニオ猪木さんがやっていたUFOっていう団体のスカウトで来ていたんじゃないかな」

――菊田さんは柔道時代、小川さんと乱取りをやったことがあるんですよね？

菊田　ボクは明大中野高校だったんで、明治大学の柔道部に出稽古に行ったときにやらせてもらったんですよ。そのときは掴まれたらもうそれで終わっちゃうので、いまいちどれくらい強いのかがわからなかったんですけど。寝技のスパーリングをやったら、これはもう本当に強かったですね。

――どういう強さなんですか？

菊田　小川さんはあれだけ身体が大きいので、普通は力でねじ伏せてくると思うじゃないですか？　ところが重量級とは思えないほどキュンキュン動くんですよ。本当に素晴らしかったですね。みんながビックリしましたから。それで「こんなの!?」って、「小川さんは強い」って噂が広まったのかもしれないですね。あれがただ力でやられていたら、みんなも「いや、デカいからだ」とか言っていたと思うんですけど。

――体格差を駆使してくるわけではなかったと。

菊田　そう。技でまったく歯が立たなかったんで。

――小川さんは、総合の練習なんてそんなにしていないはずですよね？

菊田　ちょっとはやっていたんでしょうけど、本当に別格でしたね。

――そもそも、なんで小川さんがスポセンに来たんですか。PRIDEのゲーリー・グッドリッジ戦前の練習とかで？

菊田　いや、単に練習に来たわけじゃないと思うんですよ。当時、アントニオ猪木さんがやっていたUFOっていう団体があったじゃないですか。おそらく、そのスカウトで来ていたん

じゃないかな。

——えっ、そうだったんですか!?

菊田　これも新事実かな（笑）。たぶんそうだと思うんですよ。ボクらみたいなフリー集団って珍しいじゃないですか。しかもプロレスラーではなく格闘家で、人数も何人かいたんで、ボクも含めてまとめて使おうとしていたんですよ。

——団体の縛りもないし、ＵＦＯの前座で使うにはちょうどいいと（笑）。

菊田　そうそう。だから村上和成選手もそれで一緒に来たんだと思うんですよ。

——ＵＦＯが興行をやっていた頃ですから、１９９９年とかですね。

菊田　その頃です。ボクがパンクラスに入るちょっと前なんで。

——スカウトがてら、「じゃあ、一丁やるか」みたいな感じで、突然スパーリングに参加してきたわけですか？

菊田　そんな感じで来て、みんなをボロボロにして。練習後、喫茶店で話をして、軽く金額も提示された気がするんですよね。いくらだったのかは忘れてしまいましたけど。

——それで菊田さんは、ＵＦＯ入りは断ったわけですか。

菊田　断ったというか、もしかしたらパンクラスに入ることが決まっていたのかもしれない。それで結局、ＵＦＯには行かなかったんですけど。

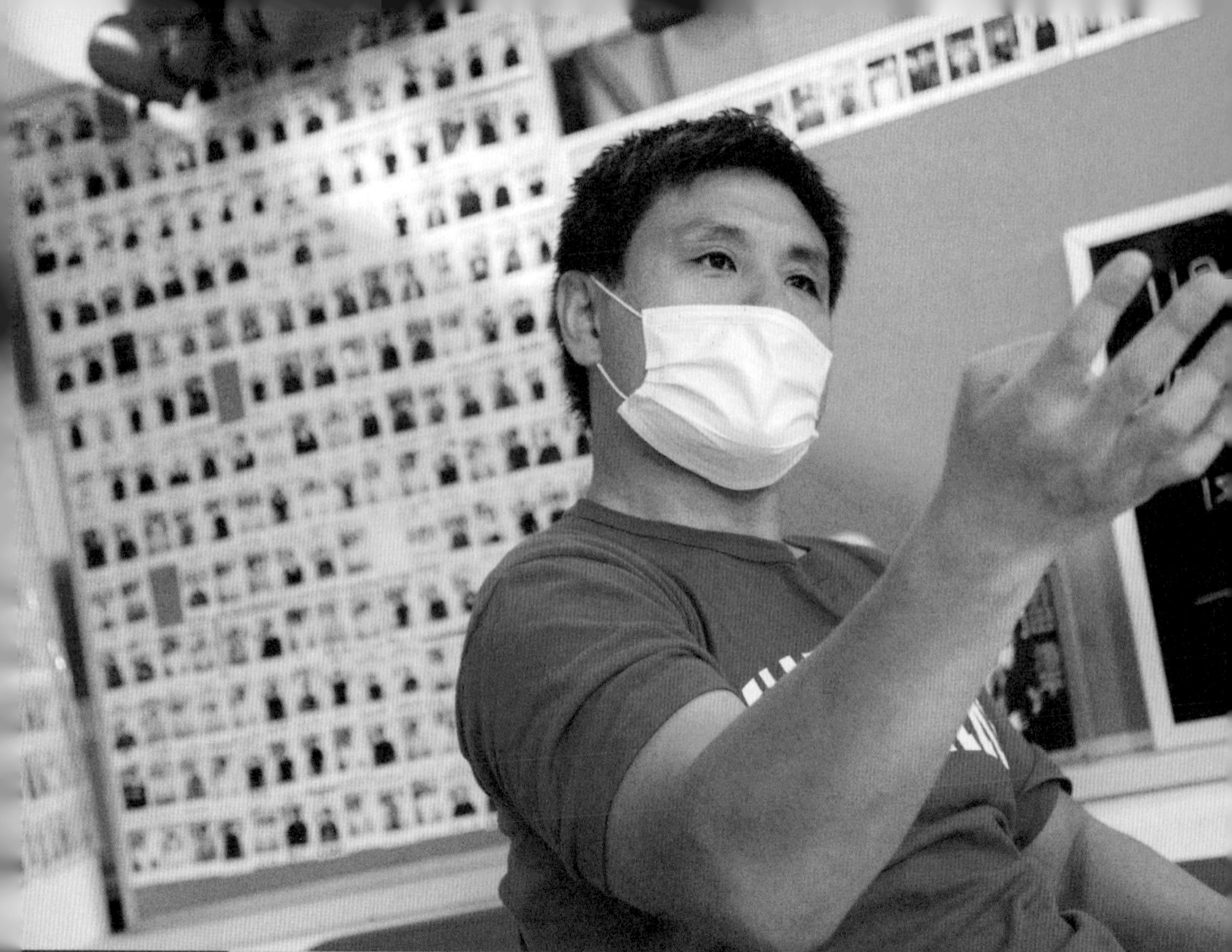

菊田、須藤、マッハ、宇野…そして
宇野薫との夢のスパーリング対決実現！

――でも「小川幻想」っていうのは、あのスポセンでの噂が元になっていたりしますから、格闘技界にとって重要な出来事のひとつでしたね。

菊田 ボクも小川さんとのスパーリングを体験してよかったですね。ああいう実力があるってわかっただけでも。ボクは柔道出身ですけど、柔道と総合はまったく別物で、柔道家って道衣を脱ぐと実力は発揮できないって認識だったんですよ。でも小川さんは道衣なしでもあれだけ強かったんで、本当に天才だと思います。

――小川さんは1999年7月に『PRIDE.6』でゲーリー・グッドリッジとやったあと、2004年にPRIDEヘビー級GPに出るまで、『UFO LEGEND』（2002年8月8日、東京ドーム）でのマット・ガファリ戦くらいしか総合はやりませんでしたけど、2000年くらいからPRIDEにバンバン出ていたら凄いことになっていたかもしれないですね。

菊田 そうだったと思いますよ。（エメリヤーエンコ・）ヒョードルとの試合ではわりとすぐに負けちゃいましたけど、もっとやれた気がしますから。

「須藤元気くんなんて当時は素人でしたけど、その頃から『将来は政治家になりたいです』って言っていたんですよ」

――ヒョードル戦は2004年ですから、小川さんがスポセンに来てから5年くらい経っているんで、その間、総合格闘技全体のレベルも相当上がったんでしょうね。

菊田 なるほど。

――吉田秀彦さんは、2002年にデビューした当初からPRIDEの一線級で通用していましたけど、小川さんもその頃だったら同じように大活躍していたかもしれない。

菊田 小川さんと吉田さんは、PRIDEで対戦しているじゃないですか。そのときは吉田さんが勝ったんで、あの試合を観た人は「これだけ実力差があるんだ」と感じたかもしれないですけど、ボクは全然そうは思わないんですよ。ボクは戦極で吉田さんとも試合をしているので（2009年1月4日、さいたまスーパーアリーナ。菊田の判定勝ち）。両方とやったことがあるボクから言わせれば、毎回あの結果になるとはとても思えない。精神状態とかも含めて、そのときの結果でしかないと思いますね。

――小川vs吉田が実現したのは2005年の大晦日なんで、

2002年のプロ転向からずっと総合の練習を続けてきた吉田さんと、ハッスルのプロレス中心だった小川さんの差が出たのかもしれないですね。

菊田　なるほど。そういう状況も全然違ったんですね。

――小川さんは、伊原ジムでのキックボクシング以外は当時のパートナーだった藤井軍鶏侍（克久）さんとスパーリングするぐらいだったみたいですから。ただ、小川さんのポテンシャルはとんでもなかったと。

菊田　本当にそう思います。でも、いま考えると凄いですよね。スポセンという公共の施設での練習に、小川さんみたいな柔道の世界チャンピオンが来たり、みんなその後、総合でトップになったり。棚橋さんもプロレス界のトップだし、お笑いの人たちもみんなそれぞれに成功されて。

――ある意味、マンガで言うところの「トキワ荘」みたいな感じですよね。

菊田　あー、たしかに。それはわかりやすいですね（笑）。

――あそこにいた人たちがみんな大物になっていって。

菊田　そうですねえ。そこに新日のレスラーもいて、小川さんや佐竹さんもいたって凄いよな。

――須藤元気という国会議員まで輩出して（笑）。

菊田　それを言うなら、マッハくんも市議会議員ですからね（笑）。

――そういえばそうでした（笑）。龍ケ崎市議会議員ですよね。

菊田　須藤元気くんなんて当時は素人でしたけど、その頃から「将来は政治家になりたいです」って言っていたんですよ。

――えっ、もうそのときから!?

菊田　そうなんですよ。「そんなの無理だろ……」って誰も本気にしていなかったんですけど。本当に国会議員になっちゃいましたから、人生おもしろいですね。

――当時の格闘技は、ある意味でみんなつながっているというか、狭い世界でもあったわけですよね。そして、そこに集まっていた選手たちが格闘技ブームの原点でもあると。

菊田　「そこにはお笑いの人たちがいた」っていうのもおもしろいですよ。まあ、隣でやっていただけなんですけど（笑）。

――その後、菊田さんが設立したGRABAKAジムには、今田耕司さんをはじめとした芸人さんたちも会員になって、そういう縁もありますよね。

菊田　そうですね。そしていま、ボビー（・オロゴン）がまた10何年かぶりにGRABAKAに練習に来ていますよ。

――あっ、11・20『RIZIN.32』沖縄大会に出場が決まりましたもんね。

菊田　それでボクがまたコーチをやることになったんで、いまはまたガンガン練習やっていますね。

「ボビー・オロゴンは『さんまのからくりテレビ』でホイス・グレイシーとスパーリングをやったんですよ。そうしたらホイスが流血しちゃって」

——もともとボビーとは、どんなきっかけで出会ったんですか？

菊田　『さんまのからくりテレビ』のスタッフが、「これからボビーに格闘技をやらせたいんで、練習をつけてください」ってことで来たんですよ。それで後日、番組プロデューサーの方からあらためて連絡をいただいて、ボクはボビーのことはあまり知らなかったんですけど、イチから格闘技を教えることになったんです。

——それで2004年大晦日の『Dynamite!!』に出ることになったんですか？

菊田　その前に番組内の企画で、ホイス・グレイシーとスパーリングをやったんですよ。そうしたらボビーががんばっちゃって、最後は負けましたけど凄い見せ場を作ったんですよね。ホイスは流血しちゃって。

——あのとき、視聴者はみんなボビーは素人だと思っていましたけど、じつはGRABAKA仕込みの寝技を知っていたわけですね。

菊田　そうなんです。基本的なことしか教えていなかったんですけど、ボビーはセンスがあるし、運動能力も高いから予想以上に善戦しちゃって。そうしたらK－1からオファーが来て、大晦日の『Dynamite!!』ではシリル・アビディに勝ったじゃないですか。

——あれもK－1の一線級の選手にタレントが勝っちゃって、大騒ぎでしたよね。

菊田　あのときもボクがセコンドだったし、作戦も全部やりましたね。だから今回は10何年かぶりの再結成ですよ。

——菊田さんは今回もセコンドに付くんですか？

菊田　もちろん付きます。ボク、RIZINの会場に行くのは初めてなんですよ。じつは1回も観たことがなくて。

——観たこともないんですか（笑）。

菊田　だからボビーがいい縁を運んできてくれたんですよね。

——10数年ぶりにコーチしてみて、ボビーはいかがですか？

菊田　いやー、凄いですよ。本当に強い。昔と変わっていないというか、むしろアップしてると思います。

——そうなんですか!?

菊田　それぐらいセンスがいいんですよ。格闘技に慣れていない人だと、教えてもなかなかわからないことでも、彼は変な本能みたいなものがあって瞬間的に動けちゃうんです。

——でも14年のブランクがあるのに、なんでそこまで動けるんですかね。
菊田　試合はしていませんでしたけど、いろんな練習を続けていたみたいなんですよ。アフリカに帰ったときも、国の柔道代表チームのところに道場破りみたいな感じで練習に行って、押さえ込んじゃったみたいですから。
——凄いですね（笑）。では、10何年ぶりに格闘技やりまって感じじゃないんですね。
菊田　全然違いますね。きのうの練習も凄かったな。ウチの（鈴木）ＫＡＺＺを相手に三角からリバース極めていましたから。ＲＩＺＩＮでは寝技も観てほしいですよ。ＧＲＡＢＡＫＡで練習再開した時点で、身体は完全にできあがっていたんで、あとは試合用の練習をするだけだったんで。
——じゃあ、ＲＩＺＩＮの北村克哉戦もいい結果が期待できそうですね。まあ、この号が出る頃には試合は終わっているんですけど（笑）。
菊田　あっ、終わってるんだ？（笑）。でも沖縄で勝ったら、たぶん大晦日も連チャンでありそうですよね？
——じゃあ、大晦日の煽りとして載せさせていただきます（笑）。
菊田　ボクはもう大晦日もやるつもりで教えているんで。ボビーはいけると思いますよ。動きは凄いし、弱音は絶対に吐かない。去年は家族の問題もありましたけど、いまはスーパーポジティブだし。沖縄では息子もセコンドに付くって聞いていますからね。
——ボビーは「ミソジ（禊）の旅をしています」と言っていましたけど、息子の目の前でいいところを見せようとしているわけですね。
菊田　そうだと思います。なんかスポセンの話のはずがボビーの話になっちゃいましたけど（笑）。年末の活躍、期待してください！

菊田早苗（きくた・さなえ）
1971年9月10日生まれ、東京都練馬区出身。総合格闘家。GRABAKA主宰。
小学6年生のときにスーパータイガージムに入会するもすぐに退会。中学高校と柔道部に在籍して高校総体で優勝するなど活躍し、日本体育大学進学後、休学して新日本プロレス、UWFインターナショナルに入門するがいずれも練習生時代に退団する。Uインターには再入門しようとするもテストで不合格となる。しかしその後、正道会館で寝技に磨きをかけて修斗、リングス、PRIDE、パンクラスと総合格闘技の舞台でその実力が開花。2001年4月にはアブダビコンバット88kg未満級で優勝を果たして「寝技世界一」の称号を手にする。2002年12月、東京中野区にGRABAKAジムをオープン。2005年大晦日には瀧本誠を、2009年1月4日には吉田秀彦という柔道のオリンピック金メダリストを破ってもいる。

GRBK
HARVARD

坂本一弘

馬乗りゴリラビルジャーニー（仮）

第16回
「VTJ 2021」

構成：井上崇宏

（さかもと・かずひろ）
1969年3月4日生まれ、大阪府大阪市出身。
修斗プロデューサー/株式会社サステイン代表。

――11・6『VTJ2021』を見届けさせていただきました。坂本さん、あれは「成功」と言っていいんじゃないでしょうか。

坂本　まあ、いつもボクが言っている「何をもって成功なのか？」っていうことで言うと、「成功じゃないですか」って言ってくれる人がいるってことは成功したっていうことなんだと思うんですよ。

――成功か否かは自分たちが決めることではないと。

坂本　そう。もういざ興行が始まっちゃったら受け手に投げちゃっているんでね。選手にもそうで、マッチメイクした時点で投げちゃっているんで、そこから先はもう観に来てくださったファンとABEMAの視聴者に委ねているというか。いま井上さんが「成功じゃないですか」って言ってくれたんでボクにとってはよかったっていうか、「成功したんだな」って。それが「あれはまずくないですか？」とか「あれはいままでの中ではちょっと……」ってことだったら俺も考えなきゃいけないけど、成功だったってことならもう成功ですよ。以上（笑）。

――成功ということで！（笑）。成功する可能性が高くなるようにお膳立てはしていたってことですよね。

坂本　まあ、そうですね。ボクが投げられる球の全力は出したかなと思うし、あとはその球がどこに飛ぶかなんかはもう知ったこっちゃないんですよ。打たれるときは打たれるし、空振りするヤツもいれば、パスボールするヤツもいるかもしれない。それはわからないじゃないですか。

――ややもすると、VTJという名前を引っ張り出してきたけど、いざ観たら「これ、修斗公式戦と何が違うの？」という見方をされる可能性もあったと思うんですよ。

坂本　あったかもしれないですね。

――それがちゃんと「これは来年もやるなら観たい！」って思うようなイベントになったと思うんですよ。だからちゃんとVTJだったというか。

坂本　なるほど。そうしたら選手も「来年は俺も出たい！」とかね。やっぱり嫉妬させることって大事なんじゃないかなって思うんですよ。たとえば「なんだよ坂本、こんなのやって。西川大和もハネちゃったよ」って他者に思わせるというか、そういうことだと思うんですよね。

――「宇野薫がまたも敗れる」っていう試合も、修斗公式戦で負けたのと、過去に栄光を味わったVTJで負けたっていうのはまた意味合いが違うというか。やっぱりラッピングって大事だなっていうか、同じ商品でもガラッと見え方が変わりますよね。

坂本　たしかに「修斗と何が違うの？」って言う人もいると思うんだけど、似ている時点でそれは違うもんなんですよね。「似ている」ってことはもうそのものではないじゃないですか。同じじゃないんだもん。「その帽子、ボクの帽子と似ていますね」って、それは違う帽子なのと一緒で。言葉遊びをするつもりはないんだけど、違いをどう感じるかはあなた方であり、選手たちじゃないですか。VTJって言葉が出た瞬間に気合いが入るっていう人もいるだろうし、その心の持ちようが変わった時点でファンも選手も選ばれた人たちなんですよ。

――ああ、たしかに。

坂本　「修斗っていうのは日常的なもの」で「VTJは選ばれた人間だけが出られるところ」っていうか。そこにランキングがあるわけでもないし、何の保証もされてはいないけど、「あなたにここに出てほしいんです」って言われているわけで、プロとしてはそこですよね。だからVTJっていうのはやっぱり特別なところなんじゃないかなって思います。とにかくヒクソン・グレイシーから始まった歴史なわけですから。

――そんな場でちゃんと若いファイターが勝ちましたし。

坂本　勝っちゃったよね。放送の最初に青木真也が「出た！　困ったときのVTJ！」って言ってましたけど、正確に言うとこっちはVTJで困っていましたからね（笑）。先月話しましたけど、本当に外国人選手の招聘で困り果てていたんだから。

――人の苦労も知らねえで（笑）。だからやっぱり「困ったときのVTJ」っていう見られ方も間違いなくあったっていうことですよね。

坂本　そうですね。だけど今回、外国人選手を呼べたのとかはマジで奇跡ですよ。毎度毎度だけどボクは悪運が強いなとは思いますね。というか、これが凄く優秀な人であればそんなことを奇跡だと思わないんでしょうね（笑）。

――「俺は悪運が強いなあ」とか言ってる場合じゃなくて！　みたいな（笑）。

坂本　言ってる場合じゃない。本当に頭がいい人と、運がいい人の違いっていうのがあって「優秀な人なら陥らないようなミスをして、だけどそれをカバーできるのが運がいい人だ」っていう。本当にその通りなんですよ。ボクが優秀だったら全部ピシッとできているはずなんだから。ちゃんとやればいいだけのことなんだもん。

――いや、ちょっと待ってください。そんなひとつもミスのない人生なんて刺激がなくておもしろくないですよ（笑）。

坂本　なにがやねん（笑）。大会前、ボクは「官僚になりたいな」って思ったもん。もう全部ちゃんとできる人間になりたいなって（笑）。

——いやいや、計画した通り、想定していた通りに物事を進めることができない人は最高ですよ。だって、やってる感がありますよね？（笑）。

坂本　すっげえありますよ（笑）。実感だらけやもん。大会前は毎日3時間くらいしか寝ていなかったんだから。

——ボクには楽しい話にしか聞こえないですよ（笑）。

坂本　まあ、楽しかったですね（笑）。これもすべては選手ががんばって、いい興行だったと言ってくれる人がいるからいいんであって、結果がドツボだったら最悪ですよ、本当に。

——そういう意味ではやっぱり運は強いんでしょうね。

坂本　その運の強さもやっぱり人だと思うので。本当にそれに尽きる。人が助けてくれるんですよね。今回はレスリング協会の富山英明会長もそうだし、RISEの伊藤（隆）代表、ABEMAの北野（雄司）さんたちがいろいろと助けてくれて。たぶんボクが凄く優秀だったら孤独でしたでしょうね。ひとりで全部できていたら誰も助けてくれないんだもん（笑）。今回のVTJは何が印象に残りました？

——トータルでよかったとしか言えないんですけど、メインの平良達郎の圧倒的な強さとか、青木真也乱入後の西川大和の聡明なマイクとか、言い出したらたくさんありすぎるというか。

坂本　西川、いいでしょ。あれはね、「西川が『青木さんに勝てる気がするんです』って言ってるんですよ」って話を聞いて「マジか？」ってなって。それで本人にも会ったときに聞いたら「そうなんですよ。いける気がするんですよ」って言うから「そうなんだ。いいんじゃないの」って。ボクは選手の言ったことを頭から否定したくないんですよ。だから「おまえにはまだ早いぞ」とかじゃなくて「やりたいんだったらそれでいいし」って。そうしたら計量のときに西川が控室にいたので、「青木のやつ言うの？」って聞いたら「あっ、言いますよ。勝ってキッチリと言います」って言うから、「そう。楽しみにしてるから」って。ボクらもほら、『冷静と情熱のあいだ』じゃないけど、勘違いと自信の狭間で生きてるから（笑）。だからあれは青木劇場だけど、今回は助演・西川大和なんですよ。

——18歳の若者がたいしたもんですねえ。

坂本　でも、あそこには青木の懐の大きさもありましたよね。彼はいまプロレスの試合もやっていることによって懐が大きくなったのかなって。前だったら対戦要求をされたら本気で怒っていたかもしれないけど、「おー、いいねー！」って感じだったもんね。

——状況をどう解釈するかっていう幅が広がったというか。

坂本　それは凄くいいなと思いますね。秋山（成勲）選手に対しての挑発なんかもあるだろうし、「なんとか盛り上げたい」っていう気持ちの対応もきっちりやってくれるわけじゃないですか。だって、青木にとったら迷惑な話ですよ。ただこれまで「青木さんとやりたい」って言ったヤツは誰もいない中で西川が前に出てきたっていうのは、これは「修斗伝承」じゃないですか。

——たしかに。両方を応援したくなりますよね。

坂本 若い人たちって素直でいいと思う。「ONEに行きたい！」「UFCで勝負したい！」とか「青木真也とやりたいです！」ってどんどん言ったらいいと思う。それに対してちゃんと回答をする青木もいいなって。「いや、おまえは10年早えぞ！」って言うのは簡単じゃないですか。でも、そこで「おっ、やるか？」となっちゃえるのは、彼は凄いところにまで行ったんだなと思いますよね。だから意外と青木に対する反対意見が少なくなってきているし、やっぱり貫き通すことの大事さっていうか。やっぱり彼自身が引き寄せたものっていうのもあるだろうし、そこで苦労したこともあるんだろうけど、結局は今回いちばん貧乏くじを引いてるのは青木なんだもん。だって下からのヤツとやらなきゃいけないわけでしょ。ましてやいま「秋山、俺とやれ！」って言ってるのに横槍が入ってきたわけですよ。「俺にMMAを教えてくださいよ！」って。そういう意味ではスルーもしないで偉いなっていうか、凄いと思いますよ。平良や西川の試合を観て「こんなに輝けるところもあるんだな」と思ったり、青木と西川のやりとりを見て「VTJではこんなことも起こるんだ」ってなるのもいいと思うんですよね。

——坂本さん、毎月VTJをやりましょう！（笑）。

坂本 倒れるわ！（笑）。そうなったらボク、ビッグサカみたいに「井上不信」って書いた紙を机に置いてどっかに消えちゃいますよ。これはマジで（笑）。でも人間だから褒められたらそれなりにうれしいけど、やっぱり自分がよくやったなとは思わないんですよね。西川にしても平良にしても、宇野くんや原口（央）とか選手全員がね、がんばってくれたからこそだと思うし、彼らがいるから自分もがんばれたんだなっていうのもあるから。だって平良と西川がいなかったら途中で「べつに相手は外国人じゃなくてもいいよな……」って思ったかもしれないじゃないですか。だけど「いや、コイツらにいま外国人を当てなきゃ！」っていう責任感というか、「いまこれが必要だろ！」っていうところだと思うんですよね。

——素晴らしいですね。あっ、坂本さん。VTJのロゴのTシャツってまだ残っていたりしますか？ あったら買いたいんですが。

坂本 あっ、本当に？ ちょっと聞いてみますよ。

——ほら、Tシャツがほしくなってるんですよ。今回のやつは看板に偽りなし、あれは完全にVTJだったんですよ！（笑）。

坂本 あらら、本当だ（笑）。

KAMINOGE COLUMN

TARZAN by TARZAN

ターザン バイ ターザン

はたして定義王・ターザン山本！は、ターザン山本！を定義することができるのか？「日本の歴史は怨念と恨みの歴史でもあるんですよ。聖徳太子が殺されたら神社を作るとか、太宰府に流された菅原道真の神社ができるとか、勝者が敗者を祀って怨念を封じていくという歴史があるわけですよ。だからターザン神社や高田神社も作らなきゃいけないわけですよ！」

絵　五木田智央　聞き手　井上崇宏

第二十九章

歴史の終わりとは何か？

「俺の終焉、UWFの終焉、プロレスの歴史の終焉がすべて重なったのが1995年ですよ！」

――こないだ山本さんが「今の日本のプロレスは歴史のない時間の中を彷徨っているだけだ。それってもしかして歴史からの自由？」ってツイートしていましたよね。

山本　プロレス史というのがあったでしょ。歴史というのは発展的に進化していくもので、そこには人間の物語やドラマがあるんだけど、それって昭和のプロレス、つまりアントニオ猪木とジャイアント馬場で終わっているんですよ。

――はやっ！

山本　昭和が終わった時点でプロレスという歴史そのものが終焉してしまったんですよ。それ以降は歴史が終わっているのでレスラーはなんちゃってでも通用する。このインディーレスラー1000人時代というのは、自由な時代になったということであり、いまの時代を語るうえにおいては凄く重要なキーワードなんですよ。

――山本さんの中で、どこで歴史が分断されたかっていうところを正確にしていきたいんですけど。

山本　あー、それは凄く難しくてさあ、ボク的には非常に……ちょっと言いにくいんだけども（苦笑）。なぜかと言うと自慢話になるからさあ（笑）。

――えっ、山本さんの自慢話に？

山本　1995年4月2日、『夢の懸け橋』。あそこでもう日本のプロレスの歴史が終わったんですよ。

――あそこなんだ!?　手前味噌ながら（笑）。

山本　東京ドームにメジャーとインディー13団体が集結した最後のオールスター戦。あれが歴史の幕切れにふさわしい、巨大な祭だったなと。「解散！　ここで終わりですよ！」と。俺は何回も言ってることだけど、プロレスが熱かった時代があの時期にファンの中でザーッと覚めてきたから『週刊プロレス』の売り上げも全体的に落ちてきて、ちょうど区切りだったんだなと。その4・2のあとに猪木さんが北朝鮮の平壌に遠征して、10月には新日本vsUインターの全面対抗戦をやったと。あそこにすべてが集約されているわけですよ。俺の終焉、UWFの終焉、プロレスの歴史の終焉がすべて重なったのが1995年ですよ。あれで終わり！　だから俺は柳澤健さんに『1995年のターザン山本』を書いてほしいんですよ。レスラーの評伝を書くよりも俺の評伝を書いたほうが100倍おもしろいんだから。そう思わない？

──まあ、絶対におもしろそうではありますよ。

山本　あの時点で「俺は終わったな」と。長州に取材拒否をされてクビを切られて「もはやこれまでだ……」ということで俺は完全にあそこで切腹したんですよ。1995年に俺は自決したんですよ！　髙田が武藤に負けた瞬間に俺は完璧に抹殺されて歴史から消えた。あれ以降の俺は惰性で生きてるんですよ。それ以降にK－1やPRIDEの爆発的な人気があったわけだけど、それは俺にとってはどうでもいいことなんですよ。

──いや、終わりかけた歴史をまた紡ぎだしたのがPRIDEだったんじゃないですか？

山本　PRIDEは新日本の延長線上にあった「シン・新日本プロレス」という形態で、要するに新日本の代案だったわけですよ。それでストロングスタイルをさらに体現したのがヒョードルやノゲイラっていう。

──ちなみにボク的には一度歴史が終わったと感じたのは髙田延彦vs田村潔司ですね。髙田の引退試合。

山本　ほぉー。俺よりもちょっとあとだねえ。そこまで引っ張るんだ？

──髙田vsヒクソンだって歴史の延長線上にあったものじゃないですか。

山本　それを言うんだったらね、俺は『夢の懸け橋』で敗れ、髙田はヒクソンに2回敗れ、さらに田村にも敗れたと。ということは、プロレスの歴史を終わらせたのは俺と髙田延彦ですよ！

「歴史というのは負け戦の歴史だから。なので俺も髙田延彦も敗者だけど歴史の逆転的勝者ですよ！」

──そうなるんだ!?（笑）。

山本　俺と髙田延彦がストロングスタイルを終わらたんだよな。髙田が武藤に、ヒクソンに、そして田村に勝てなかったことでストロングスタイルを証明できなかった。髙田は完全に歴史の負け太りの天才ですよ！　歴史というのは負け戦の歴史だから。本来は勝ち戦が歴史として名を連ね、勝った者が名を残すんだけど、そこには負けたヤツがいるわけじゃないですか。源平合戦だったら平家が負けた、関ヶ原の戦いでは石田三成が負けた、明治維新では新選組が負けた。表の歴史は勝者の歴史なんだけど、心情的、感情的には敗者の歴史がじわーっと残っていて、そっちのほうが歌舞伎の舞台とかになったりするわけですよ。そういう意味では俺も髙田も敗者だけど、歴史の逆転的勝者ですよ！

──実質、歴史を変えた男たちだと。

山本　実質ね。要するに負けることによって「どうぞ。ここから別の世界に行ってください」という。

――バトンを渡したわけですね。

山本 バトンを渡した。「俺たちはやりたいことをやったからもういいです。あとは何をやってもけっこうです。どうぞ！」と。

――そこですべてを差し出したからこそ負けにも価値があるっていうか。

山本 そもそもの歴史はどこから始まったかと言えば、力道山vs木村政彦だよね。あそこで力道山が木村政彦を潰した。そのことが裏の歴史として残っていて、それを引き継いだのが猪木だよね。猪木はストロングスタイルを標榜してストロング小林や大木金太郎との日本人対決に持っていき、日本人vs外国人の対決だったジャイアント馬場の歴史を潰したということですよ。

――木村政彦も負けたことによって、プロレスの時代の幕を開けたと。

山本 「私はここでアマチュアに帰ります」とね。だから負けた者が歴史を作るんですよ！

――じゃあ、大雑把に言うと木村政彦、ターザン山本、髙田延彦が三大敗者ですね（笑）。

山本 その通りですよぉ！ プロレスに限らず、日本の歴史は怨念と恨みの歴史でもあるんですよ。聖徳太子が殺されて神社を作った、平将門の神社ができた、太宰府に流された菅原道真の神社ができたとか、勝者が敗者を祀って怨念を封じていくという歴史があるわけですよ。だから俺も髙田延彦も、木村政彦も怨念で生きているから、ターザン神社や髙田神社、木村神社を作らなきゃいけないわけですよ！

――ターザン神社！（笑）。

山本 そうしないと怨念が最後までさまよってめんどくさいことになるから、自然災害を起こしたりするかもしれないわけですよ。昔で言えば疫病とかさ。あのね、心理学者の斎藤環さんが『鬼滅の刃』の主人公の竈門炭治郎を分析して、それが的確な分析だといま話題になっているんですよ。その分析結果とは「空白の狂気」であると。

――空白の狂気。

山本 つまりあの中身は空っぽだと。何もないけど狂気で突っ走って行く。理由のない狂気、根拠のない狂気、それが非常に現代的だと言っているわけですよ。それもいまの話とリンクしてるんだよね。いまのプロレスラーたちには何かコンプレックスがあるとか、トラウマがあるとか、心に傷があるとか、そういうことからプロレスをやるんじゃなく、ただゲームとしてやっているわけですよ。だから非常に整合性があるんだよね。猪木さんだったら一家でブラジルに渡ったとか、馬場さんだったらジャイアンツをクビになったとかさ、みんなそういう何かがあるじゃないですか。そういうものがプロレスによって精神的なバネになったりして。ただ、そういうことは古い、もうどうでもいいと。

「進化も変化もなくなり、あるのは無限に広がっていく分化ですよ。俺の故郷にも岩国プロレスリングっていう団体があるんですよ！」

——重いと。

山本　重いものはいらない。

——「心身ともに健康的な男女求む！」（笑）。

山本　だから精神的な傷がある人のことをなんて言うんだっけ？

——メンヘラですか？

山本　あっ、メンヘラ！　要するにレスラーもどこかではメンヘラだったわけですよ。それも女性的なメンヘラというか。でもそんなのはもういまのプロレスには必要がないと。そういうヤツはいらない、レスラーになる必要がないと。

——いや、そういうタイプはまだまだ多そうな気がしますけどね。

山本　たしかに女子プロはいまだに心情的に嫉妬の感情が強いし、根っこの部分で負けず嫌いだから、「アイツには負けたくない！」「アイツは嫌い！」とかっていう感情がある。その部分で女子プロだけには歴史のひとコマのかけらみたいなものがまだ残っているかもしれないね。

——本来はプロレス自体が女性的っていうことなんですかね？

山本　きわめて女性的だったんですよ！　だから俺はいまのプロレスにはなんの興味もないし、ハッキリ言っちゃえばインポ状態であり、不感症なんですよ。だから過去に行くしかなくて、昭和のプロレスの揉め事だったりスキャンダルを根掘り葉掘と聞いたものをムックとかにしてそれが売れているわけじゃないですか。いまでもその幻想が残っていて、40、50代で昭和のプロレス、『週刊プロレス』に熱狂した人たちがそういう活字に興味や関心を持って支えていると。だから『KAMINOGE』も昭和というものの残骸というか、昭和というものの重力みたいなものに微妙にシフトして作っているでしょ。玉ちゃんがやっている座談会とかは根掘り葉掘り、すべて過去の話じゃない。そこにニーズがあるからでしょ。ただ、発展性や生産性はないんじゃないかというジレンマもあるんだけど、やっぱり昭和という残骸、昭和という幻想、昭和という魅力、これは永遠に不滅だと俺は思うんだよね！　そこだけは！

——やっぱいま思うと、80年代って最高ですよね。

山本　（超小声で）最高ですよ。

——まあ、扶養家族で遊んで暮らせてたっていうのもあるけど（笑）。

山本　1984年にUWFが誕生して、プロレスの歴史が大きく動いたわけですよ。

——UWFなんかメンヘラの極みじゃないですか（笑）。

山本　そうなんですよ！　UWFを作ったのは猪木幻想と新日幻想だよね。要するに猪木幻想と新日幻想に陰りが見えてきたので、そこに対するファンの気持ちというか、落ち込み、挫折感というか。「なんとかしてほしい！」っていう叫びというか、救いというか、ワラをもつかむ思いというか。それでUWFが誕生したわけですよ。

——その猪木幻想、新日幻想が下降し始めた頃が、プロレスファンにとってのメンヘラの始まりというか。あそこで一度メンタルをやられましたからね（笑）。

山本　それを治す特効薬がなかったわけだけど、UWFは蜃気楼のように特効薬として現れたわけですよ。その蜃気楼にみんなは酔ったんだよね。海の向こうにぼやーっと浮かんで見えた。そしてそれを利用してリングでくっきりと再現したのがPRIDEだったわけですよ。「ここにハッキリとした事実がありますよ」と。ただ、それさえも幻想だったんだよね。そしていま、本当のリアルを見せているのがUFCでしょう。なんとリアルにはカネが埋まっていて、ビッグビジネスになったというね。だけど日本のプロレスファンっていうのはビジネスを求めていないわけですよ。幻想を求めているんですよ。

——べつに進化だけを見たいわけじゃないっていう。

山本　ない！　俺からすると、歴史がなくなったということは変化も進化もなくなった。ただそこにあるのは無限に広がっていく「分化」ですよ。バーッと散らばっていくわけ。それで全部が散らばっていくから中心がなくなってしまって末端だけがあるんですよ。その末端というのは地方にあるプロレスの小さな団体だとか。そういうのは分化の象徴ですよ。俺の故郷の（山口県）岩国市にもプロレスがありますからね。

——えっ、岩国に？

山本　岩国プロレスリングっていう団体があるんですよ！　もう分化の極地ですよ。それらは中心にはつながっていかないんですよ。中心はもう空洞化しているから。

——そういう意味では自由ですね。

山本　変な自由だよね。比重が低い自由ですよ。重量感がない自由というかさ。だからべつに引力に引っ張られる必要もないわけですよ。

「三沢さんは馬場さんに敬意を表して全日本を終わらせたけど、馳は無神経に新しいスタイルを作って新日本の歴史を終わらせたんですよ」

――プカプカと浮いているわけですね。

山本　浮遊してるというか、宙ぶらりんなんだよね。だからこんな世界になるまで俺は生きたということが幸せですよ。いまの世界を見ることができなかったジャイアント馬場さんもある意味では幸福だけどね。ただ、猪木さんは生きているわけですよ。そういえば猪木さんは「馳浩が新日本の歴史を終わらせた」と言うよね。馳浩の教師型プロレス、カタログプロレス、参考書プロレス、あれによって新日本プロレスは終わり、歴史がなくなったと。

――「ここ、テストに出るぞー！　ちゃんとおぼえとけよー」っていう（笑）。

山本　「これをやっていたらうまく進学できますよ」っていうかさ（笑）。馳浩にプロレスを教わった世代は、みんな受験型プロレスですよ。

――みんな赤点を取らないようにがんばっていたわけですね。

山本　それで馳自身はそのままプロレス界を捨てて政治の世界に行ったじゃないですか。とんでもない男ですよ！（笑）。新日本プロレスの歴史を終わらせたのは馳浩で、そして全日本プロレスは馬場さんが亡くなったことでその歴史が終わったんですよ。だって誰も馬場さんを継承することはできないじゃないですか。三沢光晴なんかは継承できないことをわかっているからノアを旗揚げしたんですよ。理屈は合ってるんですよ。「俺たちに馬場さんの真似はできません。だから別のプロレスをやるしかありません」ということでノアを作った。その時点で全日本の歴史は終わったんですよ。だから三沢さんは馬場さんに敬意を表して全日本を終わらせたんですよ。

――全日本は馬場さんの一代限りですよと。

山本　でも、馳は無神経に「これが新しいスタイルですよ」と。「新日本を再生するのはこれしかないですよ」っていうことで受験型プロレスをやったらそれに若い者たちがついていったわけですよ。あの時点で新日本の歴史が終わったんですよ。そしてＵＷＦはいちばんリアルで、内部的ないがいみあいによって終わったんだよね。そして三派に分裂して。いちばん絆が強くて一枚岩だと言ってきたＵＷＦが、もっともそれとは真反対の内ゲバになったというのは、非常に現代的だよね。

――誰だったか、ＵＷＦの選手だった人が言っていたんですけど、「ＵＷＦは興行が月１回だから、レスラーはあれこれ考える時間が多い。それでいろんな人間関係の噂話とかをみんなでするからどんどん疑心暗鬼になる」っていう（笑）。

山本　ろくなもんじゃないねえ。

——月イチ興行はシステム的にメンヘラを生むんですよ。

山本　あともう1個、プロレスのアイデンティティを作ったのはやっぱり道場なんですよ。お相撲さんの道場と同じシステムでとにかく徹底的にしごき上げて、ダメなヤツはすべてクビにすると。そういうシステムでレスラーの自我が形成されていったわけじゃないですか。それを受け継いだのが新日本で、馬場さんも一部は受け継いだ。でもいまの道場はそういうシステムがないじゃないですか。

——理不尽なことはすべてやったらダメな時代ですから。

山本　やっちゃダメでしょ。それがなくなった時点で日本のプロレスの歴史は風化してしまったと。道場の存在というのも大きなキーワードですよ。現代では道場論が必要なくなったんですよ。だって若い人も入ったらすぐに有名になりたいんだから、付き人とかをやって10年修行するとかそんな手ぬるくてめんどくさいことはしたくないよ。無駄な時間を過ごしたくないっていうのが現代人だから。

——寿司職人のシステムと似ていますね。「何年も修行しなくたって、数カ月で寿司は握られる」っていう。

山本　現代の職人文化と似ているわけですよ。

——でも天下の新日本プロレスの歴史を終わらせた馳浩って、ある意味で偉大ですよね。新日を終わらせるなんてたいしたもんじゃないですか。

山本　凄いですよ。ある意味で馳は革命的だよね。猪木さんを超えてしまったわけですよ。

——国会議員としても超えたし。悪い男だなあ（笑）。

山本　馳さんはいい意味で悪人ですよ。悪人っていうのはワルって意味じゃなしに、能力の高い悪人ですよ。べつに悪いことはしていないし、いい人なんだけど。ただ悪人という強烈な影を持っているのが強いよね。

「UWFを潰すにはノンポリがいちばんいいんですよ。思想のない人間だから足4の字で勝てるんですよ」

——いまさらこんなことを聞くのもなんですけど、どうして馳は新日本から引退をさせられたんですか？

山本　それは長州が危機感を感じたわけですよ。「このままいったら馳に乗っ取られる」と。

——マジっスか？

山本　そうですよ！　馳が道場主になって、永田裕志とか若手がみんな馳に染まって馳ワールドになりそうだったわけですよ。「これはヤバいな」という長州力の危機感から引退をさせられたんですよ。長州というのはそういった危機感を感じる能力がもの凄く高いんですよ。UWFが自分たちにとってヤバいものになることを察知して、それを排除しなきゃいけないって動いたのと一緒で、このままでは構造的に馳が新日を支配するリーダーになると察知したんですよ。

――馳は頭もいいしと。それでターザン山本、UWF、馳浩は長州力の手によって排除されたと。

山本　非常に狙いどころがいいんですよ、あの人は。そこに寸分の狂いもないんですよ。凄いんですよ、長州力という男は。どれだけ頭脳明晰で、分析力が高くて、観察力に優れていて、危機感を持っているかっていうさ。

――やっぱ長州力だな。これからも長州さんについていこう（笑）。

山本　それで、その昭和のプロレスの中でなぜ武藤敬司が生き残っているかというのがいちばん重要なわけじゃないですか。

――あっ、その理由を教えてください。

山本　まず武藤は身体がデカイわけですよ。そしてオーラがあるんですよ。そのことで適当に昭和のプロレスの痕跡を発することができると。

――適当に！

山本　でも当の本人は自分にはストロングスタイルはないと言っている。プロレスはエンターテインメントだと言ってる。だから二股をかけられるんですよ。

――なるほど！（笑）。ふたつの顔を持っているわけですね。

山本　両手に花を持っているわけですよ。あんな世渡りの天才はいませんよ！　だからいま長州にもすり寄るわけですよ。

――ストロングスタイルとエンターテインメントというふたつの武器を持っていれば、どんな時代でも縦横無尽に生きていけますからね。

山本　過去形にも片足を入れて、現在形にも片足を置いていると。だから武藤は超売れっ子なわけですよ。それでいてさらに売れっ子の長州にひっついてるから、もう三拍子揃っているんですよ。

――「UWFとかよくわからないけど、なんなら俺のほうが強いんじゃないですか？」っていう幻想も引き受け。

山本　そうそう。それで実際にUWFにも勝ってるからあの男は最強ですよ！

――あの足4の字で武藤の株価は急上昇ですもんね。だからあのときから長州の信頼は得ていたってことですよね。

山本　そうですよ。あのときに髙田と対戦する相手は武藤しかいなかったんですよ。というのは、UWFを潰すにはノンポリがいちばんいいんですよ。

――なるほど！

山本　思想のない人間だから足4の字で勝てるんですよ。

――『鬼滅の刃』じゃないですか。

山本　まさに空白の狂気ですよ。ＵＷＦはそれに負けてしまったもんだから最高に落ち込んだんですよ。ＵＷＦにとっては武藤が最強の脅威だったわけですよ。それを長州は知っていたんですよ。

――幻想をノンポリが潰したわけですね。

山本　ＵＷＦの思想に対してイデオロギーで対抗したら負けるけど、ノンポリだから絶対に勝つっていうさ。『鬼滅の刃』ですよ、あれは！　だから長州はどれだけ頭がいいかってことですよ。常に時代を読んでいる。それはいまも。だからいまの時代を作った犯人は長州ですよ。長州のデザイン能力が凄すぎるんですよ。だからこないだ藤波さんがデビュー50周年試合をやったでしょ。長州と比べたら呑気でいいよねえ（笑）。だから藤波さんは時代に関係なく、生涯いちレスラーをやっているからいいんですよ。長州はそれだと我慢ができなくて、歴史にいっちょ噛みして自分自身もその渦に巻き込まれながら頭を回転させたってことだよね。そして！　昭和プロレスの歴史の最後の幻想は前田日明だね。……まあ、すみません。今日は申し訳ない。

――えっ！　なんですか、申し訳ないって？

山本　いや、今日はいいかげんなことばかり言ってるなと自分でも思ってしまいました！（笑）。

ターザン山本！（たーざん・やまもと）
1946年4月26日生まれ、山口県岩国市出身。ライター。元『週刊プロレス』編集長。
立命館大学を中退後、映写技師を経て新大阪新聞社に入社して『週刊ファイト』で記者を務める。その後、ベースボール・マガジン社に移籍。1987年に『週刊プロレス』の編集長に就任し、“活字プロレス”“密航”などの流行語を生み、週プロを公称40万部という怪物メディアへと成長させた。

吉泉先生は、弟子入り志望者のキャラがけっこう気に入っていると見た！

え……
マジで？
軽にしたらどうだ
維持費も格段に安いぞ
あれなんかいいぞ
19.8万
女の子が乗ってるやつじゃん
オレが乗ったら変だろ
軽ならさジムニーがいいな
新しいやつかっこいいよな
中古ないの？
はははははジムニーは大人気で新車は1年待ちで
中古は新車より高いぞ
なんでだよ意味分かんねえ
すぐ欲しい人が高くても買うんだ

ジムニーは前の型も高いけど
日産キックスの前のはジムニーのOEMで
中身は同じだけど安い
ジムニーみたいなのならテリオスキッドとか
パジェロミニが人気なくて安いよ
どっちも本格的な四駆だぞ
なるほど
とにかくジムニーは
20年前のポンコツでも高値がついてるんだ
おすすめしないな
金ないしさ
サ
奇跡のヤキソバパン
買うつもりはなかったけど
言われると買いたくなっちゃうな
はあ

町で走ってるの見かけるとさあ
やっぱりジムニーかっこいいよな
あのー
いらっしゃ……
あ
あれってやっぱ
事故でしょ
人身事故
え――
つづく

KENICHI ITO

涙枯れるまで泣くほうがEマイナー

VOL.12

あこがれのKUSHIDA

伊藤健一

（いとう・けんいち）
1975年11月9日生まれ、東京都港区出身。格闘家、さらに企業家としての顔を持つため"闘うIT社長"と呼ばれている。ターザン山本！信奉者であり、UWF研究家でもある。

11月6日、新木場USEN STUDIO COASTで開催された『VTJ2021』に我らが宇野薫選手の応援に行ってきました。

結果は判定負けだったが展開は素晴らしく、宇野さんが取り組んでいるMMAグラップリングの進化に目を見張ったので、「さすが名勝負数え唄男です！」とご本人にLINEをしておきましたが、もちろん結果は負けなので落ち込んでいると思うし、今後どうするかはいまは考えずにゆっくり休んでほしいです。

そしてやっぱり印象に残ったのは平良達郎選手と西川大和選手の21歳と18歳の修斗世界チャンピオンふたり。本当に素晴らしすぎた!!

平良選手は映像で観るのとは全然違っていて、生で観ると手足が異常に長くて身体も思った以上に大きい。外国人にフィジカルで全然負けていないし、顔もいまどきの若者で〝朝チル〟（朝倉チルドレン）っぽいので打撃一辺倒と思いきや、今回はバックチョークを極めたりと寝技も相当にできる。堀口恭司以来のUFCで活躍する日本人になる可能性のある逸材だ。

西川選手は近代MMAでは不利とされる、下からの攻撃に特化した特殊なスタイルなので、正直世界で闘うとなると現段階ではかなり厳しいと思うが、まだ18歳で伸びしろしかないと思うので我々の想像を超えていってほしい!!

RIZINの影響もあり、日本MMAでも若者の活躍が目立ってきており、ほかのスポーツ同様にこれから競技年齢はどんどん下がっていくのだろう。

私も格闘技の現場には20年ほどいるので、デビュー前の青木真也選手や、大井洋一を瞬殺した若き（いまも若いが）朝倉海選手も見てきた。

そんな若き才能を星の数ほど見てきた私が、いままでいちばん格闘技の才能があって凄いなと思った選手は、現在WWEのスーパースターになっているクッシーこと、KUSHIDA選手である！

いまじゃ知らない人のほうがほとんどだ

と思うが、KUSHIDA選手はプロレスラーになる前、高田道場で練習をしており、桜庭和志のスパーリングパートナーだったのだ。

私も同じ大会も出たりして試合は何度も観たことがあるのだが、まずKUSHIDA選手が試合で負けているところを1回も観たことがない。常に気合い満々で桜庭直伝の低空タックルで相手を倒し、無尽蔵のスタミナを駆使した桜庭ムーブで相手を翻弄して関節技でフィニッシュ。それがいつも観ていた当時大学生だったKUSHIDA選手の闘いである。

2004年におこなわれたZSTジェネシスライト級トーナメントでも優勝。その決勝の内山貴博戦はたしか本戦の休憩中におこなわれたのだが、いい試合すぎて観客が誰も席を立たずに試合に釘づけになっていたほどだ。

その後、PRIDE出場を打診されるも自らの夢実現のために断り、大学を休学してZSTの優勝賞金でメキシコにプロレス修行に旅立つ。そしてプロレスデビュー。ってめちゃくちゃカッコよくないですか!?

私がこの世でいちばんほしかったベルト、男の憧れであるIWGPジュニアヘビー級王座も獲っているし、歳下だけど憧れの存在である。

プロレスラーになってからも当時私が主催していたグラップリング練習会に参加してくれていたので、宇野薫や須藤元気、所英男、そしてカルペディエムの日本トップ柔術家たちとも普通にやりあっていた。大学生の頃とプロレスラーになってからの身体とでは質が全然違うわけで、もちろん昔よりは動けていない部分もあったが、随所に唸る動きもあり、〝名勝負数え唄男〟宇野選手とのスパーリングは動きがあって、観ていておもしろかった。

当然、私はWWEネットワークに加入しており、NXTでのKUSHIDA選手の活躍をできるかぎり応援している。

WWEの実況陣は「高田道場所属で桜庭の弟子だ」と毎回紹介し、フィニッシュホールドであるホバーボードロックを「サクラバ」と呼ぶこともあって、勝手に誇らしい気持ちになるし、たまにKUSHIDA選手本人が直接連絡をくれたりするので非常に嬉しい。

ちなみにNXTを観ていると、「日本にいるときになんでもっと観なかったんだ!」って後悔するくらい紫雷イオ選手のプロレスが素晴らしい。

2年前、レッスルマニアの会場でたまたまエレベーターで一緒になり、思ったよりも小柄でかわいくてドキドキした。

いつか現在のアメリカでの闘いが落ち着いたら、グラップリングでもいいからあの素晴らしいクッシーの格闘技の試合をまた観たいなと思っているのである。

マッスル坂井と真夜中のテレフォンで。

11/12

MUSCLE SAKAI DEEPNIGHT TELEPHONE

「LINEギフトのホームページの下のほうを見ると〝あなたのお友達のほしいもの〟っていうリストが出てきたんですね。そこで私の知り合いがふたりだけ登録していて、それは青木真也と飯伏幸太なんですが（笑）」

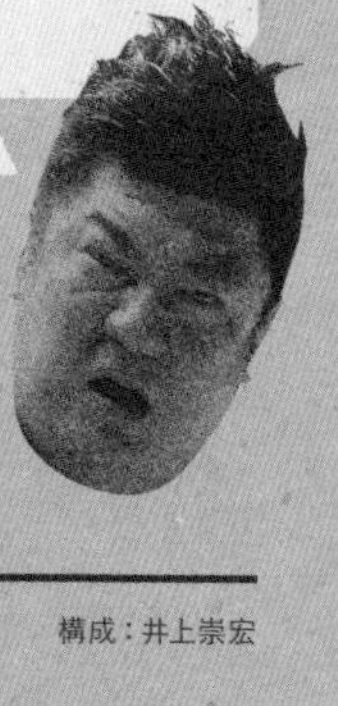

「いまって誕生日にLINEギフトが贈られてくるんですよ。今年は後輩レスラーからは馬刺しが来て」

――坂井さん。『KAMINOGE』120号ということは、創刊丸10年でございます。

坂井 おー、がんばりましたねえ。

――ありがとうございます！

坂井 でもちょっとごめんなさい、話の腰を折るようですけど私に関しては丸44年ですから。

――生誕？

坂井 はい。

――私なんかもうすぐ生誕50年ですよ。

坂井 おー、新日本プロレスと一緒だ！

――そうそう。1972年1月。私は新日とタメなんですよ。

坂井 そう言われると「10年」ってことは小学校の中学年くらいか。やっと自分で服を選ぶくらいじゃないですか。服のサイズも160かアダルトSかで悩むところですよ。でもSよりも160のほうが安いんだよねっていう感じでしょ。

――それは親の観点ね。これは自慢なんだけど、私は10年間風邪ひとつひいてないわ。

坂井 『KAMINOGE』を始めてから一度も？

――入稿中とか締め切り前に寝込んだ記憶がないんですよ。偉いでしょ？

坂井 偉い！ やっぱ健康と、あとは実家（神社）の徳の高さ、そのふたつですよね。

――親が丈夫な身体に生んでくれましたよ。

坂井 井上さんの誕生日はいつでしたっけ？

構成：井上崇宏

――1月21日です。なんでですか?

坂井　俺はここ最近誕生日があって「LINEギフト」が贈られてくるんですよ。LINEギフトって贈られてきます?

――贈ったこともないし、贈られてきたこともない。

坂井　俺とかは知り合いや友人、仕事の仲間の人たちから誕生日に贈られてきたんですよ。たとえばスターバックス500円分とか。その画面を開いてQRを出すと、おつりこそ来ないものの500円分の買い物ができると。だから誕生日の日は500円のスタバのチケットを1500円分とかまとめてLINEで贈ってもらったりするんですよ。

――へえー、いいね。

坂井　正直に言うと総額で12500円分くらいをいろんな方からいただきました。

――芸能人だ。

坂井　大家健ですら500円分のチケットを贈ってきましたから。

――ああ、それをやらなかった自分が恥ずかしいな（笑）。

坂井　あとは渋谷の宮益坂の電光掲示板に「お誕生日おめでとうございます」みたいなのを載せてくれた人がいたみたいで。

――えっ!

坂井　知らない人なんです。いつもラジオを聴いてくださっている方みたいで。

――生霊だ。

坂井　生霊じゃないでしょ（笑）。それで話を戻しますと、「出産祝い」とか「結婚祝い」とかでたとえば1万円を渡しますよね。そうするとLINEギフトで内祝いみたいな形でスタバのチケットが4000、5000円分とか来るんですよ。要はコロナでなかなか会えないじゃないですか。

――なるほど、なるほど。

坂井　だからLINEギフトが浸透しているんですよね。それがいまやプロレスラー仲間たちの間でも浸透し、DDTのある後輩からは馬刺しが贈られてきたんですよ。「えっ!」と思ってすぐに返事するじゃないですか。ありがとうの前に「なんで馬刺しなの?　普通はスタバじゃない?」って。

――チョイスがね（笑）。

坂井　そうしたら「スタバとかはよくもらいますけど、期限までに使い切れないことが多くないですか?」って返ってきて「はぁー!」と思って。

――なんだ、この話（笑）。

坂井　「はぁー!（感嘆）」と思って。

――終わり?（笑）。

坂井　違う違う（笑）。あとアマゾンのギフトカードもLINEギフトで贈ることができるんですよ。不思議でしょ。

――まあ、スタバと感覚は一緒では?

坂井　そうなんだけど、そこはライバルじゃなくて仲間なんだなと思って。

――いやいや、ライバル関係に抵触しないでしょ。

坂井　たしかにそうなんですよね。で、その後輩が「アマゾンのギフトカードなんかも結局は自分でほしいものを選ばなきゃいけないじゃないですか。それって僕の気持ちがこもってないような気がするんですよね」って。

――なるほど。ほしいものを本人に委ねていると。それとスタバはオートマチックで考えてなさすぎだと。

坂井　『「スタバなら問題ないでしょ」』みたいな感も出すぎてますよね」って言われて、そうやって考えるとレスラーって一般の人よりもプレゼントをもらっている機会が多いから進んでるなと思って。

「出版不況なのかもしれないけど、ちゃんと今日も世の中のトレンドについて話しましたからね」

——タメになる。

坂井　そうしたらね、やっぱり同じ年頃のDDTのまた別の後輩がLINEギフトでルームスリッパを贈ってきたんですよ。「俺ってどういう立場?」と思って。タニマチみたいな感じなのかなって（笑）。

——気の使われ方が（笑）。

坂井　で、なんでルームスリッパなのかと思ったら、「これ、クルマに置いておくと便利なんで。坂井さんは長距離移動が多いと思うから、クルマに乗ったらこのスリッパを履いてください。超いいやつなんで」って。

——気が利いてる!

坂井　それでね、俺は「この奥が深いLINEギフトってなによ?」と思っちゃって、LINEギフト自体にアクセスしてみたんですよ。そうしたら「そろそろ誕生日のお友達がいます。贈ってみませんか?」って出てくるわけですよ。それでLINEギフトのホームページの下のほうを見ると「あなたのお友達のほしいもの」っていうリストが出てきたんですね。

——えっ!

坂井　要はアマゾンのほしいものリストみたいな感じで、どうやらそれを登録できるみたいなんですね。普通に「スタバの500円チケットをください」みたいなのをカジュアルに登録してる人がいたりして。そこでプロレス業界の私の知り合いだとふたりだけそれに登録していまして、まずひとりが青木真也（笑）。

——登録してそう（笑）。

坂井　青木真也のほしいものは「アマゾンのギフトカード5000円分」です（笑）。

——はあー（笑）。

坂井　もうLINEギフトの中でもぶっちりで高額の金券ですね。で、もうひとりが飯伏（笑）。

——登録してそう（笑）。

坂井　飯伏幸太のほしいものは「ローソンお買い物券2000円分」って書いてあって、やっぱ飯伏さんのほうが賢いなと思って。気兼ねなく贈れる金額だし、「これで飯伏はローソンでサラダチキンを買うんだろうな」って（笑）。

——リアルに肥やしにもなる。

坂井　棚橋さんのブログを見ても、ローソンで低脂肪高タンパクなもので60グラム摂取とか書いてあるわけじゃないですか。そうすると「あっ、飯伏もこれを買ってホテルで食べてるんだろうな」と思うから、ちょうど1日分のプロテインがそれでまかなえますよね。

——青木とかアマゾンでアダルトグッズを買いそうだもんな（笑）。

坂井　そこでアマゾンのギフトカード5000円分をほしいものリストに入れられる青木真也という人間を俺は凄いと思いましたよ。合理的というかストレートだなって。だから井上さんもいまからほしいものリストに登録したほうがいい!

——1月に向けて。マジで私もついに50だからね。

坂井　いや、東京の50歳は新潟の30歳だから。東京でクリエイターの50は、そんなの新潟の30ですよ。

——マジかよ～。どおりで自分でも苦味走ってないなと思った（笑）。それで坂井さん、私からは大事なお知らせが。

坂井　なになに?

——これが120号で10周年。それで次の121号より11年目に突入するにあたり、本誌を100円値上げさせていただくことになりまして。だから1300円+消費税ですね。読者の皆様、すみません。そういうことになっちゃいます。

坂井　いやでも、ちょうど俺がローソンの2000円分のお買い物券とか、アマゾンの5000円分のギフトカードの話をしていたから、『KAMINOGE』がいちばん安く感じる（笑）。

――だからいま坂井さんの話を聞いていて思ったのは、LINEギフトで『KAMINOGE』を。

坂井　そう。『KAMINOGE』をLINEギフトに入れたいよね。それは粋ですよ。

――あと値上げはしちゃうんですけど、『KAMINOGE』は定期購読っていうのをやっていまして。読者の皆様には本誌に差し込みのご案内が入っていると思うんですけど、そっちはお値段据え置きの1120円（税込）なので、ぜひ定期購読をしていただけたら。

坂井　定期購読をしよう！　そりゃ10年前といまとでは原材料も上がっていますからね。

――断腸の思いではあるんですけど、私が吸ってるアメリカンスピリットもいま1箱600円なんですよ。20本入りだから1本あたり30円なんですよ。

坂井　高っ！

――そう考えたら……ってことはないけど、その1本30円のタバコをたくさん吸いながら編集をしているわけですし（笑）。

坂井　なるほどね！（笑）。

――だからここはひとつ、末永くお願いいたします。それで10年やってみて思ったことは、創刊当初から出版不況ではあるんですよ。

坂井　そうですよね。

――それがますます加速しているところなんですけど、これはずっと続けていけばいつか本の復活があるんじゃないかって。アナログレコードブームみたいな感じで。

坂井　はいはい、ありますよ。

――それと違うパターンとしては、もう電子書籍もなくなってもっとハイテクになるのか。

坂井　あっ、脳に直接？

――直接脳に活字がダウンロードされます（笑）。そうなればなるほど、逆に紙の需要もあるのかなって。

坂井　たしかに10年ですもんね。そりゃいろいろ変わるわ。俺もこの10年間でいろいろなことが変わっていることに本当に気づいたんですよね。出版不況はずっと出版不況だと思い込んでるし、実際にそうなのかもしれないですけど、そんな中、ちゃんと今日も世の中のトレンドについても話しましたからね。LINEギフトとか（笑）。

――このページは基本トレンディですからね（笑）。

坂井　そこで青木真也と飯伏幸太というふたりのファイターについての違いなんかもしゃべったからね。最短距離で極めに行く青木真也と、プロレスラーはコンビニで低脂肪高タンパクの食べ物を買うとやっぱり高くつくよね、だから2000円かみたいな。そういういろんな想像をさせてくれる飯伏幸太のローソンのお買い物券。

――そういう情報量を考えたら、この4ページで2000円くらいの価値はありますからね（笑）。

坂井　とにかく俺はLINEギフトに入れるべきだと思ってる。そうしたら俺は毎回『KAMINOGE』を人に配りますよ。誕生日の人に「『KAMINOGE』を読んでね！」って贈っちゃう。だから値上がりするも何も、途中から大井さんの芸人の連載やフミ斎藤さんとプチ鹿島さんの連載が入ってきているんだから、たとえ俺らのページを読み飛ばしたとしても十分お釣りが返ってきますよ（笑）。

KAMINOGE №120

次号 KAMINOGE121 は
2022 年 1 月 5 日（水）発売予定!

2021 年 12 月創刊から丸 10 年が経ちました。
記憶ではこの 10 年間、数回ほど頭がおかしくなりましたが、
一度も風邪をひいておりません。（井上）

2021 年 12 月 16 日
初版第 1 刷発行

発行人
後尾和男

制作
玄文社

編集
有限会社ペールワンズ
（『KAMINOGE』編集部）
〒 154-0003
東京都世田谷区上馬 1-33-3
KAMIUMA PLACE 106

WRITE AND WRITE
井上崇宏
堀江ガンツ

編集協力
佐藤篤
村上陽子

デザイン
高梨仁史

表紙デザイン
井口弘史

カメラマン
保高幸子
橋詰大地
池野慎太郎

編者
KAMINOGE 編集部

発行所
玄文社
[本社]
〒 107-0052
東京都港区高輪 4-8-11-306
[事業所]
東京都新宿区水道町 2-15
新灯ビル
TEL:03-5206-4010
FAX:03-5206-4011

印刷・製本
新灯印刷株式会社

本文用紙：
OK アドニスラフ　W A/T 46.5kg